Ilija Trojanow

In Afrika

Mythos und Alltag

Deutscher Taschenbuch Verlag

Meinen Eltern, die mir ermöglicht haben, Afrika kennenzulernen

Überarbeitete und erweiterte Ausgabe
November 1996
Deutscher Taschenbuch Verlag GmbH & Co. KG, München

Umschlaggestaltung: Dieter Brumshagen
Umschlagfoto: © Michael Martin
Gesetzt aus der Stempel Garamond 10,5/12' (QuarkXPress)
Satz: Design-Typo-Print GmbH, Ismaning
Gedruckt auf säurefreiem, chlorfrei gebleichtem Papier
Druck und Bindung: C. H. Beck'sche Buchdruckerei, Nördlingen
Printed in Germany · ISBN 3-423-12284-6

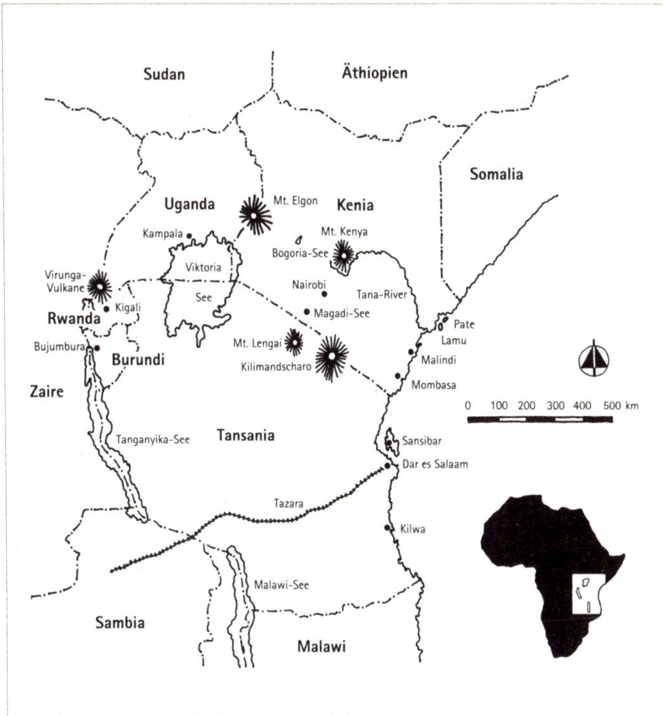
Sudan
Äthiopien
Somalia
Uganda
Mt. Elgon
Kenia
Kampala
Mt. Kenya
Bogoria-See
Viktoria
See
Virunga-
Vulkane
Kigali
Nairobi
Tana-River
Magadi-See
Rwanda
Pate
Lamu
Bujumbura
Burundi
Mt. Lengai
Kilimandscharo
Malindi
Mombasa
Zaire
0 100 200 300 400 500 km
Tanganyika-See
Tansania
Sansibar
Dar es Salaam
Tazara
Kilwa
Malawi-See
Sambia
Malawi

Wie ich die Fremde kennenlernte …

Die Fremde lernte ich in einer amerikanischen Militärgarnison kennen. Die Garnison war von den GIs verlassen; die italienischen Behörden füllten die dreistöckigen Normbauten mit Asylsuchenden. In jedem Zimmer waren mehr Menschen untergebracht, als es dem Zimmer und den Menschen gut tat. Wir, das waren meine Eltern und ich, teilten uns einen kleinen Raum mit einer Zigeunergroßfamilie. Ich habe ihre Mitglieder damals, mit sechs Jahren, nicht gezählt, aber wohin ich auch guckte, saß einer von ihnen. Die Zigeuner sprachen radebrechend Rumänisch und wir großstädtisches Bulgarisch. Die Frauen kochten am offenen Feuer, die Wände waren verrußt und mit einer Tapete von Speiseresten überzogen. Es roch wie aus einem jahrelang nicht geputzten Backofen. Mein Vater stritt sich mit den Zigeunern, meine Mutter wurde von gelegentlichen Weinkrämpfen geschüttelt, und ich staunte über die Gerüche, über die Schreie und das Feuer, auf dem ständig etwas köchelte. Ein Lagerfeuer im Zimmer – das war mir wirklich fremd!

Einige Monate später wurde ich von Vogelgezwitscher aufgeweckt. Ich roch an der Luft – sie war anders. Dann klopfte es an der Tür, ein schwarzer Mann trat in das Zimmer und servierte Tee. Ich staunte. Wir befanden uns in dem noblen Norfolk Hotel in Kenias Hauptstadt Nairobi, einem Hotel, das schon Illuminati wie Queen Elisabeth II. und Ernest Hemingway verköstigt und gebettet hatte.

Nachdem mir meine Mutter erklärt hatte, daß die Briten Tee mit Milch und Zucker tranken und nicht, so wie wir, mit Zitrone, schlich ich in den Innenhof, wo einem schweren Gespann aus Kolonialzeiten eine ehrenvolle Pensionierung zuteil geworden war, nahe einer Voliere, in der sich die Stimmen gegenseitig nicht zu Wort kommen ließen. Der Innenhof hatte die Form einer Wagenburg. Er bot maximalen Schutz gegen die Geräusche und Gerüche des Lebens draußen, gegen das Chaos der Metropole, gegen die Fremde Afrikas. An dieses geschützte und privilegierte Leben gewöhnte ich mich schnell.

Wir zogen in ein heckenbewehrtes Haus um und kauften uns einen Hund, um dem Schild am Tor – *Mbwa kali, Vorsicht Hund* – ein wenig Glaubwürdigkeit zu verleihen. Mein Vater erzählte von der Arbeit, von seinem Laufburschen namens Benson und seinem Chef namens Hedges. Er lachte nur über meine Vorstellung, daß die beiden in der Mittagszeit zusammensaßen und Zigaretten der entsprechenden Marke rauchten. Auch erzählte er von seinem Kollegen Fofo. So nannte er ihn; sein richtiger Name war Vogt. Ein penibler Mann, der meinen Vater auch an Schulden in Höhe von zehn Cents erinnerte. Zehn Cents waren damals so viel wert wie eine halbe Banane und eine Banane in Kenia so viel wie in Europa ein halbes Kaugummi. Zwei Wochen nach unserer Ankunft überredete Zehn-Cents-Fofo meine Eltern zu einer Reise in den Norden des Landes. Wir erreichten die Schranke von Isiolo, die den sicheren Teil des Landes von dem wilden *Northern District* trennt. Ein älterer uniformierter Mann näherte sich unserem Auto, unter der Last eines überformatigen Buches taumelnd, das nicht nur die Namen der nach Norden Reisenden verzeichnete, sondern auch den Staub der Straße und den Schweiß des Wachpostens. Traurig zog der Mann die Schranke hoch, seine Hände an dem

Seil so bedächtig entlangtastend, als bestiege er eine Steilwand.

Kaum hatten wir die ersten felsigen Fingerzeige bestaunt, die die Piste säumten, platzte ein Reifen. Kein Problem für meinen technisch versierten Vater. Das Auto wurde aufgebockt, das Rad gewechselt. Ich guckte nach links: Steine. Nach rechts: Steine. Nach hinten: Steine. Aber vor mir standen zwei prallgelbe Ford Escorts. So lernte ich das Reisen in Ostafrika kennen, gemeinhin *Safari* genannt.

In der scheinbar menschenleeren Landschaft war es eine Pflicht anzuhalten, als plötzlich ein gebrechlicher Mann, in Tuchfetzen gehüllt, am Wegrand winkte – der Nomade wollte mitgenommen werden. Er stieg hinten ein, neben mir, saß unbehaglich auf dem Kunststoffpolster. Wir tauschten verstohlene Blicke aus. Meine Mutter sank in sich zusammen, ich rückte so nahe es ging an das Fenster – im Nu war das Auto von sehr fremden Gerüchen erfüllt. Das Fenster konnten wir nicht aufkurbeln, denn vor uns bewegte sich der Staubschweif von Zehn-Cents-Fofo mit weniger als dreißig Stundenkilometern über die Wellblechpiste.

Eine Stunde später hielten wir neben einem liegengebliebenen Peugeot 404. Wir wurden von Verwandten eines amerikanischen Missionars gebeten, sie zu der nahegelegenen Missionsstation zu fahren. Dort gebe es einen Mechaniker und einen Traktor. Doch wir hatten nicht genug Platz im Auto. Die Erwachsenen standen in einer Gruppe mitten auf der Piste und beratschlagten. Linkerhand Steine, rechterhand Steine, und auch hinter mir nur Steine – vor mir drei Autos. Der Samburu-Mann blieb regungslos sitzen. Da rief Zehn-Cents-Fofo mit lauter Stimme, in einem Englisch mit Durchschlag: Schmeißt doch den Neger raus.

Bei unserem ersten Besuch in Europa einige Jahre später – wir landeten in Athen, um sogleich an den Wurzeln europäischen Selbstverständnisses anzuknüpfen und im spiegelnden Marmor unsere verwilderten Augen zu reinigen – starrte ich nach der Landung aus dem Fenster und sah etwas sehr Verblüffendes. »Mami, hier arbeiten ja weiße Männer«, sagte ich und kam ein weiteres Mal aus dem Staunen nicht heraus, über die weißen Arbeiter, die Müll wegräumten, Gepäck umherschoben oder sich unter Maschinen wälzten. Das nun war mir wirklich sehr fremd.

Wellen der Veränderung

Von den Menschen an der ostafrikanischen Küste, ihrem Alltag und ihrer Geschichte

Das Meer, der Wind und die Dhaus

Noch vor dem ersten Licht hört man in Lamu die gleichen Worte wie in Bagdad, Damaskus oder Casablanca. Der Muezzin ruft die Gläubigen zum Gebet. Nur einzelne Gestalten huschen dann zur Moschee. Später am Morgen, wenn die Läden öffnen, wird die Hauptstraße zu einem tosenden Strom geschäftigen Treibens. Schwarze Schleier flattern zu den Händlern hinein und wieder hinaus, im Einklang mit den hektischen Rufen von Männern, die ihre vollbeladenen Karren im Laufschritt voranschieben. Katzen und Fußgängern bleibt nur ein schneller Sprung zur Seite, in die Sicherheit der unzähligen Häusernischen. Aus dem Bauch der Geschäfte hört man das Sägen von Holz, das Schlagen von Nägeln; Nähmaschinen rattern. Wer etwas zu tun hat, erledigt es jetzt, denn es dauert nicht mehr lange, bis der Müßiggang sich ausbreitet.

Dann entspannen sich auf den steinernen Bänken neben den Hauseingängen die Männer: die Hausherren und ihre Besucher. Sie sitzen oder liegen, dösen, diskutieren, schauen in die Gegend oder lesen Zeitung. Wer vorbeikommt, verweilt, aus einem flüchtigen Gruß wird ein mehrstündiges Gespräch. Wenn man mit der Ignoranz des Fremden fragt, ob sie müde seien, lachen sie nachsichtig: I'm only relaxing. Entspannen ist eine Kulturform, nichts Funktionelles, kein Energietanken, um wieder arbeiten zu können.

Wenn die langen heißen Stunden des Mittags überbrückt sind, kommt wieder Leben in die Gassen. Vor der Moschee an der Uferpromenade sitzen würdige alte Männer, gekleidet in blütenweiße *kanzus* und mit wertvollen *kofias* auf dem Kopf, deren Musterung so viele Löcher hat wie die Nacht über Lamu Sterne. Sie lehnen sich entspannt an die Mauer und beobachten das nachmittägliche Leben. An ihnen vorbei treiben Spediteure ihre laut aufschreienden Esel, trippeln Kinder, schlendern Touristen. An ihnen vorbei fährt das einzige Fahrzeug der Insel, der Land Rover des *District Commissioners.*

Die Blicke der alten Männer heißen die einlaufenden Boote willkommen. Traditionelle Dhaus, Segelboote mit einem Mast und einige motorisierte Flitzer. Verschwitzte Träger entladen Säcke und Kartons mit Reis, Seife, Kochfett, Zucker, Stoffen, Zigaretten und vielem mehr, was auf der Insel nicht produziert wird. Fischer sind mit kleineren Reparaturen beschäftigt, ehe sie sich auf hohe See wagen oder entlang des Mangrovendickichts auf Hummer- und Krabbenfang gehen.

Die alten Männer haben ihren Platz gut gewählt: Die Brise mildert die Hitze, und der Anblick des Meeres erfrischt. Sie unterhalten sich lebhaft über das Inselleben. Wenn einer von ihnen eine gelungene Bemerkung macht, lachen sie ausgiebig: Sie strecken ihre Hälse aus, beugen sich vor, glucksen tief aus der Kehle heraus, schnalzen mit der Zunge, das Lachen zieht von Mann zu Mann – sie amüsieren sich prächtig, ohne ihre Würde zu verlieren. Durch die dunklen Brillengläser, die oft Augenkrankheiten verbergen, betrachten sie ihre Welt, in der die Gezeiten ständige Veränderung bringen, Bedrohung und Verheißung.

Das Meer, der Wind und die Dhaus, sie haben sich wenig verändert durch die Jahrhunderte an der ostafrikanischen Küste. Sie gehören zusammen, seit Menschengedenken. Schon immer hat die Natur den Weg zum östlichen Afrika geebnet, schon die ersten Händler, die ersten Matrosen und Kapitäne, Forscher und Eroberer konnten sich auf die Winde verlassen. Soweit es den Indischen Ozean betraf, hätte das Dampfschiff nicht erfunden werden müssen. Von Asien aus segelte man entlang einer ozeanischen Autobahn. Die einheimischen Suaheli nennen den vom Nordosten kommenden Monsunwind *kazkazi*, ihm verdanken sie eine angenehm erfrischende Brise zwischen Oktober und April. Und sein Gegenläufer, der in den sechs Monaten danach in die entgegengesetzte Richtung atmet, heißt *kuzi*. Beide haben den Charakter eines Dieselmotors: zuverlässig, beständig und selten ungestüm.

Die ersten Benutzer dieser Fernstraße noch vor unserer Zeitrechnung waren Händler aus Kleinasien, Persien, Indien und China. Porzellan, Seide und Gewürze brachten sie mit und fuhren mit Ambra, Elfenbein, Gold und Edelsteinen wieder nach Hause. Um so erstaunlicher, daß diese Straße der Reichtümer lange Zeit den raffgierigen Augen Europas entging. Zwar schrieb ein Matrose aus Alexandrien im zweiten Jahrhundert nach Christus einen Reisebericht über den Indischen Ozean. Er schilderte ausgiebig den blühenden Handel, ohne damit jedoch einen antiken Goldrausch auszulösen. Ostafrika und Arabien fielen in einen Dornröschenschlaf, aus dem sie erst ein halbes Jahrtausend später erwachen sollten; nicht durch einen Kuß, sondern durch den Ruf des Propheten.

Mohammed starb im Jahre 632 nach Christus, die Einheit des Glaubens überdauerte seinen Tod nur wenige Jahre. Der Anspruch des Propheten, die Menschheit in einer Gemeinschaft Gleicher, der *umma*, zu vereinen, zerbrach an den wachsenden Widersprüchen von Machterhalt und Machtzuwachs. Die Kämpfe um die Nachfolge führten zur Aufspaltung in zwei große Glaubensgemeinschaften: die Sunniten und die Schiiten. So waren die Wanderungsbewegungen der Küste entlang nach Süden nicht immer freiwillig, und ähnlich wie bei der Besiedlung von Nordamerika waren auch hier Flüchtlinge vor religiöser Verfolgung die Vorreiter. Bis zum heutigen Tag sind die meisten Küstenbewohner Schafiiten, Anhänger einer der sunnitischen Rechtsschulen.

Den Neuankömmlingen muß die Küste mit den vorgelagerten Inseln wie ein Paradies vorgekommen sein – ein Land des Überflusses. Es gab frisches Wasser, der Fisch brauchte nur aus dem Meer geholt, die Früchte nur von den Ästen gepflückt zu werden. Sie ließen sich nieder und vermischten sich mit der einheimischen Bevölkerung, wie schon in den Jahrhunderten davor die verschiedenen Bantuvölker mit Indonesiern, Persern, frühen Arabern und Kuschiten. Es entstand die Zivilisation der Suaheli, mit eigener Sprache und einer eigenen urbanen Kultur, als ein Teil der islamischen Welt. Die ostafrikanische Küste von Somalia bis Mosambik öffnete sich dem Indischen Ozean und wurde vertraut mit den Regeln und Instrumenten des Handels. Es begannen goldene Zeiten im Reich des *Zinj* – im »Land der schwarzen Menschen«.

Auf den Spuren dieser Vergangenheit muß man aufpassen, wo man hintritt: »Verlassen Sie ja nicht die Wege«, beschwört uns der Führer, »überall sind Schlangen«. Wir und die Schlangen befinden uns in Shanga, einer Ruinenstadt, deren Ursprung bis auf das neunte Jahrhundert zurückgeht. Die Wege sind kaum erkennbare Pfade, die eine Archäologenexpedition aus Oxford vor vielen Jahren durch das Gebüsch geschlagen hat, um die Moscheen, Häuser und Gräber freizulegen. Die Archäologen sind wieder abgezogen und die Steine sind dem Gewucher unterlegen. Büsche haben sich auf Mauern niedergelassen, ihre Wurzeln hängen wie langes Haar zu Boden. Bäume wachsen aus einem Zimmer heraus, die Äste quellen über die Wände und durch alle Löcher.

Nach einem anstrengenden Marsch in unwegsamem Gelände quer durch die kenianische Insel Paté sind die riesigen Wände willkommene Schattenspender. Doch erst als eine Lichtung den Blick auf die Hauptmoschee freigibt, kann ich mir eine Vorstellung von dem machen, was Shanga einst gewesen ist: ein blühendes Handelszentrum. Aus dem Inland stammten die Waren für den Export, und Shanga war einer der Orte, sie abzusetzen. Was den Import betraf: Mit den steigenden Profiten wurde auch der Geschmack kultivierter. Große Dhaus brachten Teppiche und Seide aus Persien, geschliffene Edelsteine und Schmuck aus Indien, silbernes Geschirr und Schwerter aus gehärtetem Stahl aus dem Morgenland. Chinesische Dschunken lieferten feines Porzellan. Jenseits des Indischen Ozeans war alles vorhanden, und es wurde, nahm man die langen Transportzeiten in Kauf, zuverlässig geliefert.

Die Ausmaße der Hauptmoschee sind imposant: fast vier Meter hohe Mauern, ellenbreit und auf der wettergeschützten Seite noch vollständig erhalten, eine Säulenreihe und Platz für mehrere hundert Gläubige. An der Nordseite der Moschee befindet sich eine bogenartige Einbuchtung: das *mihrab*. Bei vielen Ruinen ist nur noch dieser Wegweiser für das Gebet erhalten. Hier begann der *imam* die fünf täglichen Gebete mit der Beschwörung Allahs: *Gott Allmächtiger, Herrscher über alles Große und Kleine ...* Das Gebet, die Menschen und das *mihrab* mußten der heiligen Stadt Mekka zugewandt sein. Waren jedoch die Menschen damals in der Lage, die genaue Richtung zu bestimmen? Das *mihrab* von Shanga gibt faszinierende Auskunft. Die heutige Ruine der Moschee steht auf insgesamt sieben Vorläufern, die eine unter der anderen bei den Ausgrabungen zu Tage kamen. Die Grundrisse aus verschiedenen Jahrhunderten sind sich sehr ähnlich, aber sie scheinen sich um die eigene Achse zu drehen. Und zwar so, daß die Ausrichtung gen Mekka von Mal zu Mal genauer wird. Während im neunten Jahrhundert nur der Stand der Sonne und Navigationserfahrung den Architekten geleitet haben, besticht der letzte Bau durch mathematische Exaktheit. Durch die Jahrhunderte haben die Baumeister von Shanga ihre Berechnungen um dreißig Grad verbessert!

Die Lagune vor der Ruinenstadt gleicht einem großen Tuch aus Seegras zwischen einzelnen Mangrovenbäumen und die Stirn des abziehenden Meeres einem blauen Saum. Seit fünfhundert Jahren ist dieser natürliche Hafen nicht mehr angelaufen worden, seit fünf Jahrhunderten existiert das alte Shanga nicht mehr. Vielleicht ist der Hafen versandet, oder aber Durst vertrieb die Einwohner. Umgeben vom Meer gilt die größte Sorge der Bewohner kleiner Inseln dem Trinkwasser. Das absinkende Grundwasser kündigt in der Regel die Katastrophe an, die Brunnen müssen tiefer und tiefer gegraben werden – die Suaheli bauten meisterhaft Brunnen, bis zu fünf Metern im Durchmesser, und so tief, daß man eine Sure aufsagen kann, während ein Steinchen hinunterfällt.

Auch heute bedroht die Wasserknappheit die Dörfer der Suaheli. Mein Führer, Bakari Maalim, hat mich auf einem

Das verlassene Fort erinnert an die besseren Zeiten von Siyu

Boot nach Paté gebracht, dessen Fracht nur aus gelben Kanistern bestand. Hunderte von Kanistern, mit Trinkwasser gefüllt. »Unser Wasser schmeckt seit einigen Monaten nicht mehr. Zum Waschen ist es noch brauchbar, aber trinken möchten wir es nicht. Es ist salzig und abgestanden.« Jeder Familie werden zwei Kanister pro Woche zugeteilt. Am kommenden Wochenende stehe ein Gemeindetreffen bevor, auf dem sie weitere Maßnahmen besprechen wollten. Er sei dafür, Geld zu sammeln, um noch tiefere Brunnen zu bohren. Denn die einzige langfristige Alternative wäre, die Insel zu verlassen, und das wollten die wenigsten.

Ganz früh am Morgen, noch bevor Bakari seinem Neffen auftrug, mich aus dem Bett zu scheuchen, hatte ich die Schritte seiner zwei ältesten Töchter gehört, die sich auf den Weg zu dem kilometerweit entfernten Brunnen machten. Jeden Morgen füllen sie ein Becken mit dem ungenießbaren Wasser auf. Mit einer Kanne schöpft die Familie

Wasser heraus, um sich zu waschen. Getrunken wird nur aus dem Kanister, schlückchenweise.

Hinter den Dünen sind Gruppen von Häusern aus Lehm und Korallenstein zu sehen, mit Dächern aus Palmenblättern. Die Gärten sind bestellt, zerzauste Hühner laufen umher, der Pfad ist ausgetreten. Trotzdem fehlt etwas: die Menschen. Wir sind schon am Rande des Dorfes angelangt und haben noch niemanden gesehen. Es ist die schönste Zeit des afrikanischen Tages, die Zeit der sanften Farben am späten Nachmittag. Auch die ersten Häuser bleiben stumm. Erst in der Dorfmitte treffen wir auf einige alte Männer, die im Schatten vor ihren Häusern ihrer Leidenschaft für das Brettspiel *bao* frönen. Reihum begrüßen wir jeden einzelnen der Alten und werden von jedem von ihnen ausgiebig willkommen geheißen. Bakari muß zuerst die Nachrichten vom anderen Inselende loswerden, ehe ich erfahre, wieso das Dorf so verlassen wirkt: Zu dieser Jahreszeit segeln die Männer auf Fischfang hinaus.

»Sie sind mehrere Wochen unterwegs, schlafen auf den Booten oder landen irgendwo, wenn die Pforten des Riffs es zulassen. Sie fischen mit Leinen, mit sehr langen, hölzernen Reusen und mit großen Netzen, mit denen man nur auf offener See fischt. Dort auf offener See, hinter dem Riff, leben die *jnuun,* die Geister der Tiefe. Um sie zu besänftigen, wird jedes Jahr beim ersten Hinausfahren eine Ziege in den vorderen Teil der Dhau gebracht. Während das Boot durch das Riff fährt, wird ihr die Gurgel durchgeschnitten, und das Blut fließt ins Meer. So werden die bösen Geister abgelenkt.«

Das Fischen ist die einzige Einnahmequelle des Dorfes. Die Frauen beackern ihre kleinen Felder und beschwören Allah und die Ahnen, ihre Männer heil zurückzubringen.

Zurück in seinem Heimatort Siyu schleppt mich Bakari noch von Haus zu Haus, bis ich erschöpft den Eindruck habe, alle tausend Einwohner des Dorfes kennengelernt zu haben. Dann setzen wir uns auf die Steinbank vor seinem Haus und entspannen uns, soweit es die Moskitos erlauben. Die Insel Paté ist berüchtigt für ihren Insektenreichtum, und die Bewohner der drei Städte Paté, Siyu und Faza leiden allabendlich unter der geflügelten Plage. Da es Siyu nicht nur an Wasser, sondern auch an Strom fehlt, richtet sich das Leben nach dem Rhythmus von Tag und Nacht, und im Reichtum der Gespräche liegt der vergnüglichste Zeitvertreib. Die wenigen Petroleumlampen lassen die Gesichter der Nachbarn nur erahnen. Ein einziges Haus leuchtet dank eines Generators: die Moschee.

Bakari hat bei seinen Töchtern Tee bestellt. Seit Stunden bereiten sie mit ihrer Mutter das Abendessen in einem offenen Raum neben dem Haus. »Siyu war einmal die größte Stadt auf Paté.« Bakari sagt das mit dem Bedauern eines Lokalpatrioten. »So Anfang des siebzehnten Jahrhunderts. Da gab es hier wahrscheinlich zehntausend Einwohner. Das Fort wurde 1780 von Arabern erbaut.« Bakari ist der Kurator des Forts, eines gigantischen Baus mit vier Türmen, einer Brustwehr, Schießscharten und eigener Moschee, um die Gefangenen nicht ohne den Zuspruch Allahs zu lassen. Das Fort bewachte einst den Wasserzugang nach Siyu und beherbergt heute in den Zimmern der Wachmannschaften einen Kindergarten. An den kühlen Wänden hängen drei Tafeln: die Zahlen auf Kisuaheli, ein bebildertes englisches Alphabet, einige arabische Zeichen. Auf dem Boden krümmt sich eine ausgefranste Bambusrohrmatte; einige Plastikteile in verschiedenen geometrischen Formen liegen verstreut herum.

»1845 hat Siyu die Truppen des Sultans von Sansibar geschlagen. Es war der letzte unabhängige Ort an der ganzen Küste. Die meisten Leute sind weggegangen, nach Mombasa, nach Sansibar, manche sogar nach Nairobi. Das Leben hier bietet nichts. Du siehst es ja«, und er schnappt nach einem Moskito. »Wir hatten zwei Arten von Menschen auf Paté. Die *Nabahani*, das heißt *weiße Leute*, und die *Kichokwe*, die Armen, die Sklaven. Die haben die harte Arbeit erledigt. Hier war das Zentrum der Künste. Schöne Verse, schöne Häuser, schöne Frauen. Aber die Menschen liebten das Kämpfen zu sehr. Ständig gab es Kriege zwischen den Städten. Lamu gegen Paté, Shela gegen Paté, Siyu gegen Paté, Shela gegen Lamu. Die Menschen von Paté waren ehrgeizig, sie wollten die anderen ein für allemal in die Schranken weisen. Sie boten eine große Kriegerschar auf, die am Strand von Shela landete. Die Angreifer wurden bis auf den letzten Mann getötet. Man konnte bis vor kurzem noch Knochen in den Dünen finden.«

Es waren erbitterte Kämpfe zwischen aufstrebenden Handelsstädten, deren Wohlstand von der Kontrolle der Seewege abhing. Nach der Schlacht von Shela verfiel Paté wie auch Shanga. Keiner hat den Untergang schöner und trauriger besungen als der große Dichter Sayyid Abdalla Bin Ali Bin Nassir, Nachfahre eines Sharifs, und somit des Propheten selbst:

> Ihre beleuchteten Paläste glühten
> mit kupfernen Lampen und Kristall,
> bis die Nacht selbst wie Tag war.
> Und in ihren Sälen wohnte
> die Schönheit an jedem Ort.
> Zur Ruhe begaben sie sich
> mit Massage und Fächern,
> mit Frauen in den Farben der Sinne
> und Musikanten, die sie vergnügten,
> bis in den Schlaf.

Den Schlaf fanden sie
auf exquisiten Betten aus feinstem Holz,
auf sanften Matratzen und grünen Kissen,
bestickt auf allen Seiten mit Silber und Gold.

Jetzt rascheln die Schaben in leeren Höfen,
wo Männer sich einst trafen, lärmen die Grillen.
Die Stimmen gewichen Schmutz und Verfall.
Die Räume ersticken an Unkraut und Dornen.
Die Männer fürchten die gähnenden Türen,
denn hinter ihnen herrscht allmächtig
das Schweigen der Dunkelheit.
(aus *Al-Inkishafi*, ›Katechismus der Seele‹)

Das Schicksal einer Geisterstadt teilt Paté mit einer Reihe anderer Küstenstädte, die bewundert und gefürchtet waren, bis sie der Vergessenheit oder der Knechtschaft anheimfielen. Kriege und Trockenheit: Das sind zwei wichtige Triebkräfte der Geschichte der Suaheli.

Die Suaheli

Suaheli bedeutet im Arabischen *Bewohner der Küste*. Das Volk der Suaheli an der ostafrikanischen Küste ist ein Gemisch aus verschiedenen Völkern und Kulturen, gesegnet mit einer reichen Kunsttradition und profunden Kenntnissen über Pflanzen und Tiere des Landes und des Meeres. Die Suaheli selbst geben sich Namen, die ihren Klan und ihre Herkunft bezeichnen, wie *Shirazi* nach der persischen Stadt Shiraz. Oder aber Namen, die ihre Klassenzugehörigkeit und ihre Abstammung kundtun, wie *waungwana* – »freie Menschen«. Neben dem Handel und der Seefahrerei haben sie auch kleine Farmen, *shambas*, auf dem Festland kultiviert. Sie pflegten Kontakt zu Jägern und Sammlern des Hinterlandes und zu den benachbarten Ackerbauern. Von ihnen haben sie gelernt, ebenso wie sie ihr eigenes Wissen geteilt haben – lange Zeit eine fruchtbare Symbiose.

Es ist das Schicksal der Suaheli, daß sie weniger bekannt sind als ihre Sprache: Kisuaheli, eine Mischung aus verschiedenen Bantuidiomen, Arabisch, Urdu und Englisch. Die einfach scheinende, aber ziemlich komplexe Sprache ist heute die Verkehrssprache Ostafrikas, die sich nur in Tansania als offizielle Einheitssprache durchgesetzt hat. Zwar eignen sich sogar die flüchtigsten Besucher der Region einen bescheidenen Wortschatz an, doch die meisten Kenianer oder Ugander, denen ein joviales *jambo*, *habari* oder *muzuri* entgegenschallt, vernehmen nicht ihre Muttersprache. Gerade im Landesinneren wird Kisuaheli nur benutzt, wenn eine Zweit- oder Drittsprache vonnöten ist. Das führt natürlich dazu, daß meist ein sehr fehlerhaftes Kisuaheli gesprochen wird. Wie reagieren die Suaheli darauf, daß ihre Verben nur im Infinitiv benutzt und ihre Substantive nicht dekliniert werden? Sie antworten höflich und zuvorkommend, als hätte man sie nicht auf Kauderwelsch angesprochen, und manchmal korrigieren sie einen grammatikalischen Fehler oder eine schiefe Aussprache. Ihrer Meinung nach wird wahres Kisuaheli sowieso nur auf Lamu und Sansibar gepflegt. Ihr Stolz beruht nicht zuletzt auf den geschwungenen Linien arabischer Buchstaben, die ihnen eine Schriftkultur ermöglicht haben, die es in Ostafrika sonst nur bei den Amharen in Äthiopien gegeben hat.

Ali Fanni Mohammed, einer der Mitarbeiter des Museums von Lamu, ist eine ergiebige Informationsquelle – bei ihm halten sich Stolz und Zorn die Waage. Stolz über die Vergangenheit und Zorn über die Gegenwart. Er führt mich durch seine Stadt anhand eines Plans, der nur in seinem Kopf existiert und der alle Ecken und Enden verzeichnet, die ihn begeistern oder entsetzen. Er zeigt mir restaurierte Gebäude, verfallene Häuser, das alte Fort, Leichenwannen, Schlacht- und Friedhöfe und vieles mehr. Und stets begleitet er seine Erklärungen mit Flüchen, Weisheiten, Seufzern und Geschichten. Der Spaziergang beginnt an der Kreuzung zweier Gassen. Er weist auf einen großen Stein am Boden.

»*Kinoni stone*. Hier schärfte man sein Schwert oder seinen Dolch. Und weißt Du, wieso der Stein sich an einem Eck befindet? Damit der Mann nach allen Seiten Ausschau halten kann, ob ihm nicht Feinde auflauern. So war das. Wer nicht aufpaßte, wurde gleich …« – die Geste ist unmißverständlich.

»Und das, wofür ist das, eh?«

Einige Flüche und Seufzer später bleibt er vor einer quadratischen Nische an der Außenseite eines Hauses stehen.

»Vielleicht hast du schon mal gehört, daß Freitag für Moslems der Tag der Wohltätigkeit ist. Man muß spenden. Da gibts kein Entkommen. Die Armen, die Bettler gehen von Haus zu Haus und fordern Geld. Dieser Herr hier wollte es sich ganz einfach machen. Er warf oben das Geld in eine Öffnung und hier unten kam es heraus. Leg deine Hand hinein. Siehst du, das Loch führt nach oben. So erfüllte er seine Pflicht zu spenden, ohne sich mit den Bettlern einzulassen.«

Ali ist überzeugt von der Schlechtigkeit der Menschen, und insbesondere davon, daß die anderen noch eine Spur schlechter sind als die Suaheli.

Die restaurierten Häuser sind eine Pracht. Eines von ihnen ist als *Swahili House Museum* Besuchern zugänglich. Die anderen wurden unter der Auflage, sie zu erhalten und zu pflegen, an die ehemaligen Eigentümer zurückgegeben. Bei aller Schönheit zeigt die Bauweise viel Sinn fürs Praktische. Mehrere Stockwerke und das flache Dach bieten Platz für die großen Familien, die engen Gassen liegen stets im Schatten, das städtische Labyrinth erschwert dem Feind die Orientierung. Die Bausubstanz aus Korallenstein und rotem Lehm, die Mangrovenpfähle als Stützen, hat sich so gut bewährt, daß viele der Häuser heute noch im traditionellen Stil gebaut werden.

Die Innenarchitektur verbindet religiöse Vorstellungen mit alltäglichem Nutzen. Die Wände sind mit kunstvollem Stuck, die Decke mit bemalten Balken verziert. Unzählige Nischen an der Wand, mit Nippes und kleinem Hausrat gefüllt, verschönern nicht nur den Raum, sondern dämpfen auch den Schall. Die Küche befindet sich im ersten Stock, da am offenen Feuer gekocht wird und der Rauch so einen natürlichen Abzug hat. Die wichtigste Mahlzeit ist das Mittagessen. Zuerst wird den Männern und Jungen im Wohnzimmer, dem größten Zimmer und Mittelpunkt des Hauses, auf ausgelegten Matten serviert. Wenn sie fertig gespeist haben, essen die Frauen und Mädchen in der Küche.

Die Zimmer werden zusätzlich mit farbigen Tüchern geschmückt, *kangas* genannt, gleichzeitig eine beliebte Bekleidung der Frauen. Die Männer benutzen sie nur als eine Art Morgenrock. Auf den *kangas* stehen stets provokant witzige Sprüche. Ali breitet eines der Tücher aus und übersetzt: *mficha uchi hazai* – wer seine Nacktheit versteckt, produziert keine Kinder. Dann führt er mich in den faszinierendsten Raum eines Suahelihauses, in den *Raum des Lebens und des Sterbens.*

Zuerst zum Leben: Auf einer Liege aus grobem Geflecht liegt die Hochschwangere. Unter dem Bett sorgt glühende Holzkohle für die nötige Wärme. Die Hebamme schläft in dem Bett daneben. Kein anderer darf das Zimmer betreten. Nach der Geburt verbringt die Mutter in Gesellschaft der Hebamme sieben Tage auf dem Bett. Die Hebamme reibt sie mit Sesamöl ein. Sie ißt nur mit Sesamöl zubereitetes, gekochtes Essen. Eine kleine Schwingtür ermöglicht den direkten Zugang zum Bad.

Dann zum Tod: Unter dem anderen Bett, auf das die Leiche gebettet wird, hebt man eine etwa zwanzig Zentimeter tiefe Grube in der Größe des Bettes aus. Über Nacht wird ein Stein auf den Bauch der Leiche gelegt. Ein Leichenwäscher wird gerufen. Er beendet die Arbeit des Steins und preßt die Leiche so lange auf das Geflecht, bis die letzten Reste aus den Gedärmen in die Grube hinabgeflossen sind. Dann wäscht und parfümiert er die Haut, stopft alle Löcher des Körpers mit Baumwolle, auch die zwischen den Fingern und Zehen, und umwickelt die Leiche schließlich mit weißen Tüchern. *Der Leichenwäscher kennt die Mängel des Verstorbenen*, lautet ein Sprichwort der Suaheli.

Während der anschließenden Trauerzeit (*eda*), die vier Monate und zehn Tage dauert, darf die Witwe das Haus nicht verlassen. Eine *eda* ist auch für die Zeit nach einer Scheidung vorgesehen – die Frau muß drei Monate lang allein bleiben. So soll zur Klärung der Erbfolge herausgefunden werden, ob die Frau schwanger ist.

Der *Raum des Lebens und des Sterben* ist von einer besonderen, beruhigenden Schönheit. Nur eine Tür führt in ihn hinein. Durch sie wird der Mensch als Baby in die Welt hinaus- und durch sie wird er nach seinem Tod wieder hereingetragen. Von dieser Ecke des Hauses aus findet der Suaheli zu seinem Leben, und hier wird er in den ersten Tagen nach seinem Tod aufbewahrt. Der natürliche Kreislauf schließt sich in diesem Raum.

Draußen setzen wir uns auf die schattige Steinbank neben dem Eingang. »Das wichtigste ist, Männer, die nicht zur Familie gehören, dürfen das Haus nicht betreten. Wenn ein Bekannter oder Freund vorbeischaut, wird der Mann gerufen. Er setzt sich mit dem Gast hier auf die Bank oder sie gehen woanders hin – jedenfalls wird der Gast nicht einfach hereingebeten. Denn im eigenen Haus sind die Frauen und Mädchen unverschleiert.« Vorsichtig versuche ich, ihm eine Äußerung über diese Einengung der Freiheit der Frauen zu entlocken. Er lacht.

»Ihr Europäer glaubt immer, die Frauen seien bei uns eingesperrt. Aber der Schleier hat auch Vorteile, die unsere Frauen sehr gut zu nutzen wissen. Wenn sie eine Liebschaft haben, geben sie vor, eine Kusine oder Freundin zu besuchen. Verschleiert gehen sie dann aber zu dem Liebhaber. Keiner kann sie erkennen. Wenn der Mann sie abholen kommt, läuft eine Freundin durch die Hintertür zu dem Haus, wo die Frau sich gerade vergnügt und warnt sie. Währenddessen wird der Mann vertröstet. Er weiß ja, wie gern die Frauen plaudern. Man kann sie nicht gleich zum Aufbruch zwingen. Er wartet geduldig vor der Tür, redet mit den anderen Männern – er darf ja nicht hinein. Schließlich kommt seine Frau heraus und alle sind zufrieden. So läuft das.«

Nach einiger Zeit auf Lamu ist man als Mann nicht abgeneigt, den Worten Ali Fannis Glauben zu schenken. Die schwarzen *buibui*, die oft selbst Mund, Stirn und Nase verschleiern, halten die Frauen nicht vom Flirten ab. In den engen Gassen streifen sie vorbei und grüßen flüchtig mit einem Augenaufschlag. Bevor die Gasse im rechten Winkel abbiegt – noch ein Blick, das Tuch eine Sekunde lang gelüftet, ein Lächeln – und die Verschleierte entschwindet. Manchmal grüßen sie sogar und tuscheln dann untereinander, frech und schamhaft zugleich, begutachten den Mann offensichtlich, kichern. Hinter der Sicherheit des *buibui* könnte vieles möglich sein – das versprechen die verspielten, herausfordernden, lachenden Augen. Als illustriertengeschädigter Europäer erfahre ich, daß zwei Augen manchmal aufregender sind als ein nackter Körper.

Die erste weiße Welle

Das alte Kilwa an der Küste Südtansanias ist ein Friedhof mit Grabsteinen suahelischer Kultur. Begraben wurde hier ein ostafrikanisches Venedig, ein unabhängiger blühender Stadtstaat. Der weißhaarige Mann, der einige Münzen vor sich im Staub ausgebreitet hat, weiß von dem Begräbnis zu berichten. Er war früher Fischer, ehe ihn die Kräfte verließen. Jetzt fängt er mit dem Köder seiner Münzen und Geschichten neugierige Besucher. Als Kind hat er noch die deutsche Kolonialzeit erlebt, den Ersten Weltkrieg. Im zweiten Krieg habe er selbst mitgekämpft, in Burma und in Nordafrika. Er präsentiert seine Erinnerungsstücke, die Schulterklappen, das Soldbuch, das Entlassungsbüchlein, das seinen Dienst fürs Britische Empire kalendarisch genau festhält: vier Jahre und zweihundertvierundfünfzig Tage. Zum Schluß zieht er stolz einen Orden aus seiner Brusttasche, Auszeichnung für besonderen Mut in einem fernen Land, in Schlachten zwischen zwei europäischen Mächten, die sich auch um Tansania gerangelt haben.

Aber das war einige Invasionen später als die Ankunft der Portugiesen. Vielleicht ist der alte Mann ein Nachfahre jenes Fischers, der die Flotte des Hochgeborenen Francisco d'Almeida als erster sichtete. 1508 war das, erst einige Jahre nachdem mit Vasco da Gama der erste Portugiese die Küste hinaufgesegelt war. Ein seltsamer Anblick waren diese Fremden: Sie tauchten ohne Waren und Empfehlungsschreiben auf, aber dafür mit schönen Geschenken. Sie wurden in den stämmigen Steinhäusern aufgenommen und bewirtet. Der Glanz der goldenen Stadt Kilwa muß ihnen den Mund wäßrig gemacht haben. Die weichen, stilvollen Teppiche aus Isfahan und Gujarat, der opulente Wandschmuck, das schwanenfeine Sung-Porzellan ... ihre Gedanken versanken in einem Strudel der Gier, nachdem sie die Kammern voll unschätzbarer Kostbarkeiten gesehen hatten. Nachts lagen sie in Seide gebettet, umgarnt vom Flüstern und Fluten des Ozeans und von einer grenzenlosen Gastfreundschaft. In ihren Träumen rissen sie nicht nur die Reichtümer an sich, sondern auch den Handel selbst. Das war der erste, bescheidene Besuch. Einige Jahre später kam Francisco d'Almeida in Begleitung einer ganzen Flotte ...

Schneller als das Lächeln der zum Empfang Bereitstehenden fliehen konnte, schwärmten die Portugiesen in die überrumpelte Stadt aus und nahmen sie mit aller Brutalität. Als das Werk vollbracht war, ging der Generalvikar d'Almeida mit einigen Franziskanermönchen an Land. Innerhalb einer halben Stunde hatte sich einiges geändert – die Geräusche, die Farben, der Geruch, selbst die Namen, eine ganze Welt.

In der Dämmerung schlug die Prozession den Weg bergauf zum Palast ein. Sie trugen zwei Kreuze und sangen feierlich das Te Deum. Die Franziskaner waren gute Sänger: *Wir loben Dich, Herr*, ihr gerechtes Auge auf das Kreuz gerichtet, während rechts und links die Toten und die Sterbenden lagen. Die Prozession erreichte ihr Ziel, stellte das Kreuz auf, mühelos in diesem verlassenen Palast, und in die Stille hinein kniete Generalvikar Francisco d'Almeida nieder und betete.

Hier endet die Geschichte – die Stadt wird geplündert, zwei Tage später in Brand gesetzt. Kilwa wird zum Friedhof.

»Und jetzt«, sagte der alte Mann, »jetzt wirst du mir einige Münzen abkaufen«.

Harusi – eine Suahelihochzeit

Von weitem könnte man den Menschenauflauf für eine politische Versammlung halten. Die Menge hat auf einem zum Meer hin offenen Platz eine Arena gebildet, im Durchmesser gute dreißig Meter. An der einen Seite bläst und trommelt eine fünfköpfige Musikergruppe, angeführt von einem flötespielenden alten Mann, der von vier verschiedenen Trommeln begleitet wird. Der beständige Rhythmus drängt, fordert heraus. Der alte Mann hält die Flöte starr waagerecht, nur die Augen scheinen mit ihrem Blinzeln, Rollen, Schließen und Öffnen der Melodie zu folgen. Er setzt die Flöte über eine Stunde lang kein einziges Mal ab – rätselhaft, woher dieser Alte mit der rubinroten *kofia*-Kopfbedeckung, dem pastellgrünen feierlichen Überhang und der regungslosen Miene solche Ausdauer nimmt. In der Arena stehen sich zwei Männer gegenüber, belauern sich tänzelnd, in der einen Hand einen Stock, der behende vor Gesicht und Brust geschwungen wird, während der andere Arm sich über den Kopf biegt – in der graziösen Haltung eines Flamencotänzers. Voller Spannung betrachtet das Publikum dieses Spiel zwischen gegenseitigem Abtasten und blitzschnellem Zuschlagen.

Das Fest der Stockkämpfe, *kirumbizi* genannt, gehört zum öffentlichen Teil einer Hochzeit und wird in der Woche der Vermählung an drei aufeinanderfolgenden Tagen in den Stunden vor Sonnenuntergang gefeiert. Nur der Bräutigam ist anwesend – die Frauen feiern an diesen Abenden getrennt –, gekleidet in einen eleganten Anzug mit Krawatte. Ein stattlicher, nicht mehr ganz junger Mann, um den Hals einen Kranz weißroter Blumen und um die Schulter ein farbenfrohes Tuch. Er steht neben der Bank, auf der sich die Ehrengäste niedergelassen haben. Seine Freunde, zur Feier des Tages mit einem roten Punkt auf der Stirn, übertreffen sich an Kampfeseifer. Reihum fordern sie sich heraus, springen in die Arena, reißen den beiden dort Kämpfenden den Stock aus der Hand – eine Rangelei manchmal –, nehmen Haltung an … der Kampf geht weiter. Einer täuscht links einen Angriff vor, eine gelungene Finte, auf die sein Gegner reinfällt, falsch reagiert und einen Schlag auf die Schulter abbekommt. Ein kurzer Schrei, ein Zusammenzucken, und der Gegner stürzt sich in einen Gegenangriff. Doch kaum haben sich die Kämpfer wieder unter die Zuschauer gemischt, ist jegliche Aggression verflogen. Einträchtig stehen sie nebeneinander und kommentieren die Leistungen der anderen jungen Männer, lachen über das Eingreifen der Aufseher, die die Übereifrigen zur Mäßigung ermahnen, sie sogar gelegentlich aus der Arena verbannen.

Wenn ein Mann sich für eine Frau entschieden hat, besucht zuerst sein Vater das Haus der Erwählten. Er spricht zunächst ausgiebig mit ihrem Vater über dieses und jenes –

Die junge Braut präsentiert sich

und schließlich auch über den Grund seines Besuches. Beim Abschied bittet man ihn, in zwei Tagen zurückzukehren. Die Familie berät sich. Das Mädchen wird gefragt und wenn sie zustimmt, wird die Höhe der Mitgift festgelegt. Einigen sich die Väter bei ihrem zweiten Gipfeltreffen hierüber, legt der Vater des Bräutigams ein Datum für die Übersendung der Mitgift fest. Erst wenn diese überbracht ist, wird ein Termin für die Hochzeit angesetzt. Zu diesem Zeitpunkt ist die Braut schon längst unter eine Art Quarantäne gestellt, ohne daß sie sich langweilen müßte. Eine ganz besondere Ausbildung sorgt für Abwechslung: Eine alte, erfahrene Frau, die *kungwi*, lehrt sie, wie sie mit ihrem zukünftigen Ehemann umgehen soll, wie sie ihn und sich selbst beglücken kann.

Das dem *kirumbizi* nachfolgende Fest wird traditionell im engsten Familienkreis gefeiert, und deshalb erscheinen bei dieser Hochzeit nur drei- bis vierhundert Gäste. Die Mehrheit der Eingeladenen sind Frauen mit ihren Kindern. Dem Anlaß entsprechend haben sie sich fürstlich herausgeputzt. Ein Triumphzug schillernder Abendkleider. An Pomp und Eitelkeit könnte das Fest es mit einem Opernball aufnehmen.

Zwei Musikgruppen spielen abwechselnd. Um ein Podest herum sind Stühle aufgereiht, auf denen die gesetzteren Damen Platz genommen haben. Die Jüngeren tanzen und singen. Jeder zweite Verwandte ist mit einer Kamera oder einem Camcorder unterwegs, eifrig bemüht, das Ereignis einzufangen. In den Pausen werden Spezialitäten gereicht, man ißt und trinkt, vergnügt sich. Das Fest ist in vollem Gang, von dem Brautpaar jedoch keine Spur. Der Bräutigam? Er feiere noch mit den anderen Männern. Aber die Braut sollen wir bald zu Gesicht bekommen.

Eine allgemeine Aufregung ist plötzlich spürbar, die Gäste formieren sich zu einer unordentlichen Schlange, die nur gemächlich über die Veranda in Richtung eines großen Zimmers vorankommt. Es scheint das Wohnzimmer zu sein, bis auf ein Sofa leergeräumt. Das Sofa wird von Scheinwerfern angestrahlt, und auf dem Sofa sitzt – die Braut. Eine hübsche Siebzehnjährige, wie aus Wachs gegossen. Während die Familienangehörigen und Freunde in den Raum strömen, zeigt sie keinerlei Regung unter ihrer starken Schminke. Ihre Hände und Füße sind mit Henna bemalt, ein Zeichen dafür, daß sie in den Stand der Ehe tritt. In den vorangegangenen Tagen hat sie geduldig dagesessen, während eine Meisterin der Hennaverzierung in stundenlanger Kleinarbeit die filigranen Ornamente mit einem winzigen Stöckchen aufgemalt, wieder und wieder die Linien nachgezogen hat, trocknen ließ, wieder nachziehen mußte, bis die Farbe auf der dunklen Haut intensiv leuchtete.

Inzwischen ist vor lauter Gästen kaum mehr Raum zum Atmen, und es wundert mich, daß die Braut in ihrem korsettengen blaugrünen Hochzeitskleid überhaupt noch Luft bekommt. Ihre Nasenflügel beben und ihre Augen zucken gelegentlich voller Unbehagen. Zu ihren Füßen liegt ein silbernes Tablett, das sich dank der vorbeidefilierenden, spendablen Gäste mit Schillingen füllt. Ab und an leert die Mutter der Braut das Tablett und stopft die Geldscheine in eine Plastiktüte, während sie jedem, der ihr zuhört, erklärt, sie sei die Mutter dieser zauberhaften, glücklichen, wundervollen Braut ...

Der stolze Vater steht derweil hinter dem Sofa, seine jüngere Tochter im Arm, und läßt sich mit seinen beiden Einnahmequellen ein ums andere Mal ablichten. Die Gäste stellen sich daneben, zum gemeinsamen Bild mit der Braut, dann verlassen sie das Zimmer durch den hinteren Ausgang, um den Nachrückenden nicht im Weg zu stehen.

Geschlossen wird die Ehe in der Moschee, die Zeremonie unterscheidet sich nicht sehr von der christlichen. Es werden Verse aus dem Koran über die Treue vorgelesen, zwei Zeugen verbürgen den Akt, und danach gibt es ein großes Mahl mit Freunden und Verwandten. Und schließlich die Hochzeitsnacht: Die Braut hat sich schon etwas früher verabschiedet, der Ehemann folgt ihr später zum Haus ihrer Eltern. An der Tür sagt er sich wortreich los von der Junggesellenwelt und tritt hinein. Doch die Tür zum Schlafzimmer ist abgesperrt. Er klopft und eine Tante seiner Frau öffnet. Er gibt ihr symbolisch etwas Geld, sie nimmt ihm Kopfbekleidung und Umhang ab. Dann verläßt sie das Zimmer, die Neuvermählten sind zum ersten Mal allein ...

Sansibar oder »Land des Überflusses«

Als Sultan Seyyid Said von Oman, einer der Mächtigen der Region, 1828 wieder einmal Mombasa und dessen aufmüpfige Herrscher, die Mazrui, bekriegte, legte er kurz in Sansibar an. Seit dem achtzehnten Jahrhundert herrschte seine Familie über große Teile der ostafrikanischen Küste. Sansibar gehörte zu den abgelegeneren Besitztümern, denen die Sultane bis dahin wenig Beachtung geschenkt hatten. Doch Seyyid Said verliebte sich auf den ersten Blick, wie nach ihm viele andere Besucher, die dem Reiz dieser Insel erlagen. Seyyid Said machte ernst mit seiner Liebe. Er siedelte nach Sansibar um und verlor keine Zeit beim Aufbau von Sansibar-Stadt und beim Anbau von Nelken auf dem dafür bestens geeigneten Inselboden. Er verfügte, daß stets drei Nelkenbäume zu pflanzen seien, wenn eine Palme gefällt wurde oder umfiel. Das Nelkenmonopol Asiens war bald gebrochen, und Sansibar entwickelte sich zu dem weltweit größten Produzenten.

Der Kern von Sansibar-Stadt, die heutige Stone Town, wurde rasch errichtet. Aus dem kleinen Fischerdorf mit nur einigen wenigen Steinhäusern entstand in kürzester Zeit eine imposante Metropole. Anfänglich hatte man die Häuser vor allem für arabische Höflinge und indische Händler gebaut, die den Lockrufen des Sultans gefolgt waren. Doch die niedrigen Steuern und der rege Außenhandel rückten die Insel ins Interesse der westlichen Welt, und so ließ sich schon 1837 der erste Konsul nieder, ein Amerikaner. Mit der Handelsstadt Salem in Connecticut/USA entwickelte sich ein lukrativer Austausch. In den feinen Clubs der dortigen Kaufleute gab es einen Sansibar-Room, eingerichtet im Stil der Suaheli. Die europäischen Handelsmächte überließen das Feld keineswegs der Konkurrenz, auch Kaufleute aus den Hansestädten eröffneten ihre ostafrikanischen Kontors – Mitte des letzten Jahrhunderts waren sie zum wichtigsten Geschäftspartner des Imperiums von Sansibar geworden.

Das Reich von Seyyid Said und seinen Söhnen Majid und Barghash kann man nur als Imperium bezeichnen. Ihre Karawanen durchzogen ein Zehntel der Fläche Afrikas. Aber sie herrschten nicht im üblichen Sinn des Wortes über dieses Gebiet. Es stand ihnen als Geldquelle zur Verfügung, als Rohstofflieferant. Solange das Landesinnere ausgebeutet werden konnte, hielten sich die Sultane nicht mit überflüssiger Verwaltung auf. Sie hatten keine Besiedlungs- oder Eroberungspläne. Die Routen der Karawanen entsprachen den Schächten einer Goldmine. Diese zu halten und zu schützen war oberstes Gebot. Was abseits davon geschah, interessierte sie nicht. Die Sultane und die Klasse der arabischen und indischen Händler konnten zufrieden sein. Ihre Geschäfte florierten. Die positiven Bilanzen hatten jedoch eine besonders unrühmliche Kehrseite: Sie schrieben schwarze Zahlen auf dem Rücken von Sklaven. Denn mehr als Nelken, Felle oder Kautschuk finanzierte menschliche Ware den Reichtum der Privilegierten. Mitte des neunzehnten Jahrhunderts überstiegen allein die Steuereinnahmen des Sultans aus diesem makabren Geschäft einhunderttausend amerikanische Dollar, eine Summe, die nach heutigen Maßstäben fünfzehn- oder zwanzigmal höher anzusetzen wäre …

Das verfallene Gefängnis auf der Insel Changuu

Dort, wo eingepferchte Sklaven ihre Arme und Hände durch die Gitter einer unerreichbaren Freiheit entgegenstreckten, winden sich heute knorrige Äste durch die verrosteten Stäbe nach außen. Ein Baum hat sich neben der Mauer des verfallenen Verlieses niedergelassen und ist mit ihr eins geworden, der Blick durch die Löcher auf das Türkis des Ozeans täuscht eine Idylle vor. Die Ruinen auf der Insel Changuu, auch Prison Island genannt, erinnern an eine Zeit, als das Leben eines Afrikaners so viel wert war wie ein Stück getrockneten Haifischfleisches oder einige indische Tücher. Die Erinnerung ist schwach wie die Brise, die nur wenig Linderung von der trockenen Hitze verschafft. Die touristischen Schilder geben nur magere Auskunft über die Geschichte, und die prächtigen Pfauen und

Riesenschildkröten rücken die Vorstellung von dem unsäglichen Leid und den unzähligen Opfern in weite Ferne.

Von Sansibar aus organisierten die Araber den Sklavenhandel; ihre Erfahrung und ihr Zynismus waren das Öl in einer zuverlässigen Maschinerie. Ihre Karawanenrouten öffneten das Landesinnere wie eine reife Frucht. Legitimiert durch die blutrote Flagge des Sultans und seine Ermächtigungsschreiben, nutzten sie die Konflikte zwischen den Stämmen im Landesinneren aus. Durch den gezielten Verkauf von Waffen vertieften sie die Feindschaften. Für den besser Gerüsteten war es ein Leichtes, seinen Feind zu besiegen. Der Lohn für die Anstifter war die Ausbeute an Gefangenen. Die Sklavenhändler waren so mächtig, daß jedes Volk, jedes Dorf bemüht war, sich mit ihnen gutzustellen. Oft trieben die Häuptlinge und Mächtigen der Dörfer Handel mit den Karawanen: Menschen gegen Perlen oder Stoffe. Besonders beliebt bei den Stammesführern war eine billige amerikanische Baumwollsorte, die den passenden Namen *merikani* trug.

Der Sklavenhandel ist eines der düstersten Kapitel in der Geschichte von Macht und Gier. Er hat ein System errichtet, in dem eine Unterscheidung zwischen räuberischen Fremden und unschuldigen Einheimischen nicht möglich ist. Die Vorstellung vom Menschen als Ware setzte sich so sehr durch, daß jeder, der die Sicherheit seiner Gemeinschaft verließ, sich in die Fremde wagte, zum Freiwild wurde.

Die Sklaven wurden nach ihrer Gefangennahme mit schweren hölzernen Jochs aneinander gekettet. Zusätzlich mußten sie schwere Ladungen Elfenbein und andere Güter schleppen. Die Greuel sind unvorstellbar. Die Tagebücher von Reisenden wie David Livingstone enthalten schreckliche Beobachtungen: verhungerte, verdurstete, niedergemetzelte und erschossene Menschen; ausgemergelte Männer, mißhandelte Frauen, von Hyänen zerfressene Kinder. Millionen von Afrikanern ließen so ihr Leben. Vorsichtige Schätzungen vermuten, daß für jeden bis zur Küste gelangten Sklaven zehn weitere gestorben sind. Dabei stand den Sklaven das Grauenvollste noch bevor: die Schiffsüberfahrt nach Arabien oder zu entfernteren Abnehmern. Seuchen, Hunger und Durst, Enge und Luftmangel: Es segelten Totenhäuser über den Ozean. Trotzdem war die Angelegenheit profitabel. Die beste Umschreibung der wirtschaftlichen Logik lieferte der englische Missionar Waller, ein Bekämpfer der Sklaverei: »Es ist, als würden sie einen großen Eisblock nach London schicken. Der Großteil schmilzt auf dem Weg, aber was übrigbleibt, genügt ihren Bedürfnissen.«

Der größte aller Sklavenhändler, ein arabischer Multimillionär namens Tippu Tib, lebte in Sansibar. Er war nicht nur ein erfolgreicher Geschäftsmann und Finanzier, sondern auch der Förderer zahlreicher Expeditionen europäischer Forscher und Abenteuerer. Manche Reise dieser oft von maßlosem Ehrgeiz getriebenen Männer wäre ohne sein Dazutun nicht möglich gewesen. Denn eigentlich waren Elfenbein- und Sklavenhändler, Araber und Suaheli die wahren Pioniere bei der »Entdeckung« Ostafrikas. Einerseits gaben die Engländer der Bekämpfung der Sklaverei oberste Priorität – das große Alibi für die Einmischung des Britischen Empires –, andererseits verließen sich die Männer, die im Auftrag des Empires unterwegs waren, vollends auf die Infrastruktur der Sklavenhändler und auf die Unterstützung durch deren Auftraggeber.

Die Geschichte der vor Sansibar gelegenen Insel Changuu entbehrt nicht der Ironie. Nach Abschaffung des Menschenhandels wurde dort ein Gefängnis gebaut, das jedoch nie genutzt wurde; später diente die Insel als Quarantäneort für die gesamte tansanische Küste ... und heute ist sie für den Tourismus reserviert – es existieren sogar Pläne, das Gefängnis in ein Hotel umzuwandeln. Viele Bootseigentümer ernähren sich mit der etwa halbstündigen Fahrt zur Insel. Nach keinem anderen Ort wird häufiger gefragt, wenn sich die Sansibari danach erkundigen, was man schon gesehen habe. Die Insel wird angepriesen. Der Strand ist bei Ebbe wirklich schön, die Riesenschildkröten sehenswert und das Essen, das Abdul Aziz organisiert, hervorragend. Aber eines stimmt mit Sicherheit nicht: Der verrostete Riesenkessel auf der dem Meer zugewandten Seite der Insel diente nicht der Verbrennung von Menschen, wie manche Sansibari erzählen, sondern dem Dampfwaschen.

Von Händlern und Meistern

Jeder Tag in Sansibar-Stadt ist ein Markttag, und ganz Sansibar ist ein einziger Markt. Von dem Fischumschlagsplatz hinter dem Hafen, der seine glanzvollen Momente in den frühen Morgenstunden hat, über die kleinen Läden, die *dukas* heißen und jede Nische besetzen, bis hin zum Hauptmarkt, der teils überdacht ist, teils im Freien liegt, voll von Händlern mit festem Standort sowie Gelegenheitsverkäufern. Hier gibt es sogar eine kleine Schlachterei für Hühner, in der das gerade erstandene Federvieh getötet, gerupft und in kochendheiße Jauche getaucht wird. Aber das alles ist nichts im Vergleich zur Einkaufsstraße, der Darajani Street, die sich rund einen Kilometer vom Rand der Altstadt nach Nordosten zieht und in der sich ein Geschäft an das andere reiht.

Ich habe mir ein Fahrrad ausgeliehen, dem Rat des Verleihers folgend, ein Zweirad sei das perfekte Fortbewegungsmittel für die Innenstadt. Eingangs der Darajani Street, wo das Getümmel eines großen Platzes in die Enge der gassenbreiten Geschäftsstraße fließt, steige ich ab und wundere mich, wie ich mit dem Fahrrad in der Menschenmenge vorankommen soll. Da ertönt hinter mir ein eifriges Klingeln, und ein Jugendlicher strampelt vorbei. Er verschwindet inmitten der Menge, die ihm instinktiv einen Weg bahnt.

Die Lust an der Geschwindigkeit und am engen Auffahren – scheinbar eine internationale Seuche – hat fast alle Fahrradfahrer Sansibars infiziert. Vor der Kurve wird geklingelt, um dann mit Karacho um die Ecke zu biegen. Unheimliche Begegnungen bleiben natürlich nicht aus: Bremsen quietschen, Lenkräder werden herumgerissen, Männer springen, oder fallen, aus dem Sattel. Das Aufeinandertreffen wird je nach Laune mit einem Lachen und witzigen Bemerkungen oder aber mit einem stoischen Gesichtsausdruck quittiert.

Ich schiebe mein Fahrad weiter, auf der Suche nach Suleimans Laden. »Ganz einfach,« hat er mir bei unserer Verabredung erklärt, »vor unserem Laden hängen Tücher und ein großes Namensschild.« Es gibt nur ein kleines Problem: Vor fast jedem Laden hängen Tücher, Tücher in allen Farben, Kikois und Kangas, afrikanische und asiatische, mit frivolen und mit religiösen Motiven. Und der Familienname von Suleiman ist häufiger als Schmidt und Müller zusammengenommen. Ich suche etwas ratlos, gehe die Straße dreimal auf und ab, und meine Verwunderung wächst. Es ist so, als bestünde die eine Seite einer Fußgängerzone aus einer langen Reihe von Drogerien, während die vielen Geschäfte gegenüber alle nur Lebensmittel anbieten. Noch bevor ich mein Ziel finde, wird mir klar:

auf jeden Handwerker kommen mindestens fünfzig Händler, und das jeweilige Dutzend gleicher Läden war Folge dieser Konkurrenz.

Schließlich erblickt Suleiman *mich*. Er winkt und wundert sich über meine Orientierungslosigkeit. »Und was bietest du an?« frage ich, und er zeigt mir gründlich sein Sortiment: Sandalen aus Indien, Schleier und Schals aus Dubai, Hemden und Shampoo aus England, Zahnpasta und Stoffrollen aus Kenia, Plastikschmuck aus Fernost, dazu Duftstoffe aus Sansibar. Meine Blindheit geht mir auf – die Unterschiede zu den Nachbargeschäften sind erst auf den zweiten oder dritten Blick sichtbar. Die Schuhe zum Beispiel hat er erst neulich in Kalkutta erworben. Die ganze weite Reise, nur um einige hundert Paar Sandalen einzukaufen und nach Sansibar zu transportieren. Die Lieferung war fast verkauft, und die Einnahmen deckten nicht nur die Flug- und Reisekosten, sondern warfen auch noch einen Gewinn ab. Wie diese Einkaufstrategie funktioniert, bleibt das Geheimnis von Suleiman und einigen tausend anderen Händlern auf Sansibar. Auf jeden Fall wissen die Kunden auf das besondere Angebot des Augenblicks zu achten – denn jeder Händler hat seine eigenen Einkaufsquellen.

Suleiman ist der jüngste und cleverste von drei Brüdern. Er wirkt schläfrig, aber es ist der leichte Schlaf der Verschlagenheit. Die beiden anderen heißen Mohammed und Hussein. Den Brüdern ist die arabische Abstammung deutlich anzusehen; sie halten noch Kontakt zu ihren Verwandten auf der arabischen Halbinsel. Hussein ist ganz der stille, verantwortungsbewußte Älteste. Er betreibt das Jambo Inn, eine kleine Pension, die er erst kürzlich nach einer liebevollen Renovierung eröffnet hat. Das Haus gehört schon seit den Tagen des Sultans der Familie. Service und Sauberkeit sind tadellos. Mohammed dagegen,

Der Meister Salim Kitmana in seiner Werkstatt

den lockeren und witzigen Lebenskünstler, treibt der Ehrgeiz am wenigsten um. Seine Stelle als Landwirtschaftstechniker im Regierungsdienst hat er gekündigt, weil ihm weder Reglementierung noch Hierarchie gefielen und er es vorzog, seinen Brüdern zu helfen.

Kurz nach Sonnenaufgang gehen wir schwimmen. Abgesehen von einigen wenigen nach dem ersten Gebet nach Hause zurückkehrenden Frühaufstehern sind die Gassen menschenleer. Die Orientierung fällt deswegen nicht leichter. Wir biegen um viele Ecken, scheuchen Katzen und Gockel auf und erreichen schließlich einen kleinen Strand hinter einem ehrwürdigen Haus namens *mambo msiige – ahme nicht nach*! Nicht nur die Vielfalt der architektonischen Formen ist unnachahmlich, sondern auch die Geschichte des Gebäudes. Der englische Konsul, zeitweise der erste Mann der Insel, residierte hier von 1874 bis 1913. In dieser Zeit soll sich Henry Morton Stanley im obersten Stock auf seine »Entdeckungsreisen« vorbereitet haben. Heute walten Beamte von Ministerien und Staatsanwaltschaft hinter den Fassaden, die bis zur Unkenntlichkeit verputzt worden sind. Doch der Putz bröckelt wieder verstärkt ab. Die Sportler des Viertels treffen sich hier, vor der Kulisse der Frachter im nahegelegenen Hafen. Gutgebaute junge Männer machen sich warm, Kinder spielen Fußball, ältere Herren joggen, Mädchen planschen vollständig angezogen am Wasserrand. Die Dehnübungen des Mannes im T-Shirt einer amerikanischen Universität könnten aus einem Fitnesslehrbuch stammen, und der Ziegenbärtige läuft seine Runden am Strand mit beharrlicher Bedächtigkeit. Die Jungen dagegen treten ungestüm auf den Ball ein und mimen die Fußballheroen der Bildschirmwelt. Ein seltener Anblick an einer Küste, an der das Meer Arbeitsplatz und nicht Vergnügungsort ist. Wir schwimmen hinaus, weiter als die Füße Boden finden, und betrachten das Sansibar der frühen Morgenstunde.

Wie Ali Fanni in Lamu sind auch die drei Brüder bestrebt, mir das Sehenswerte und Liebenswerte ihrer Heimat zu zeigen. An einem der folgenden Tage fahren wir mit Suleimans ramponiertem Auto aufs Land hinaus, durch den dichtbesiedelten Westen der Insel, wo der Boden fruchtbar und Wasser reichlich vorhanden ist. Die Straße steigt bald die hundertundzehn Meter zum höchsten Punkt der sonst ebenen Insel an. Jedes Stückchen Land ist bebaut. Die Vegetation scheint bei bester Gesundheit, die Gärten strotzen vor Pflanzen. Ein großer Teil von Sansibar sähe so aus, sagt Suleiman, abgesehen von den trockenen, unwirtlichen, verkarsteten Gebieten des Ostens und dem kleinen Jozani Forest im Süden, wo noch einige Wildtiere leben, unter anderem eine nur auf Sansibar vorkommende Seidenaffenart. Früher gab es große tropische Regenwälder auf Sansibar. Aber die Natur war dem Ansturm von Sklaven und Bauern, Großgrundbesitzern und Händlern nicht gewachsen. Die Tierwelt wurde dezimiert. Selbst der berühmte Colobus-Kirkii-Affe drohte auszusterben. 1884 war er schon eine Seltenheit. Der britische Generalkonsul, ein Tierfreund, schickte seine Jäger auf die Suche. Ein Gerücht ging um, daß sich einige Affen in einem noch unberührten Waldstück aufhielten. Eine Woche später kehrten die Jäger zurück – mit schlammverkrusteten Kleidern und einem triumphalen Leuchten im Gesicht.

»Nun, habt ihr sie gefunden?«

»Ja«, antworteten die Männer stolz, »und wir haben alle getötet«, worauf sie dem Generalkonsul zwölf Kadaver vor die Füße warfen. Der Colubus Kirkii wurde noch seltener.

Suleiman hält an. »Hier steigen wir aus«, sagt er und lacht zufrieden über mein erstauntes Gesicht. Die Überraschung ist ihm gelungen. An einem Baum direkt an der Straße lehnt ein Türstock. Links davon liegen Türteile aufeinander gestapelt, das oberste ein Meisterwerk der Holzschnitzkunst, eine Hommage an runde Ornamente, scheinbar aus einer einzigen Bewegung heraus geformt. Wir sind unübersehbar in einer Türwerkstatt gelandet. Hier werden die massiven Holztüren hergestellt, die seit Jahrhunderten den Eingang zu den reichen Häusern der Suaheli verschönern. Es sind Statussymbole, nur für sehr Reiche erschwingliche Kunstwerke, die den Passanten kundtun, vor welch bedeutendem Gebäude sie stehen. Der Meister Salim Kitmana Salim selbst erscheint. Er hat sich gerade seine Arbeitskleidung übergezogen: kurze, zerrissene Hosen. Auf dem Arm trägt er die jüngste Tochter. Die anderen Kinder spielen mit Meißel und Holzstücken im Schatten der nach allen Seiten hin offenen Holzhütten. Vormittags unterrichtet er am örtlichen Gymnasium Mathematik und Englisch, am Nachmittag führt er die über Generationen vererbte Tradition fort.

Das Holz kommt überwiegend vom Festland: Kassiabäume namens *mvule* und *minga*. Die großen Stämme werden zuerst zugeschnitten, von zwei Männern mit einer riesigen Säge. Die Tür besteht aus zwei Flügeln, einem Türstock und einem Bogen in Form eines Halbkreises. Die Ornamente werden mit Bleistift vorgezeichnet. Dabei geht Salim meist von traditionellen Vorbildern aus, die er zu persönlichen Schöpfungen umwandelt. Die nun folgende Arbeit erfordert eine enorme Präzision. Mit einfachsten Werkzeugen, von spielenden Kindern, von Fliegen und Moskitos abgelenkt, schnitzt er zarteste Linien, in der Tiefe gleichmäßig, als Relief auf mehreren Ebenen. Und wenn sich die zwei Hälften der Tür wie in den meisten Fällen spiegeln sollen, gelingt ihm das so deckungsgleich als hätte er mit Pauspapier gearbeitet. Nach einem Monat konzentrierter Arbeit ist eine Tür fertig.

»Ich hatte hier Besuch von eurem Präsidenten«, sagt er stolz.

»von Weizsäcker?«

Er nickt. »Euer Präsident.«

Der Meister ist zufrieden mit seinem Beruf. Sogar noch mehr. Er verkörpert den Beruf. Er gibt mit derselben Präzision Auskunft, mit der er den Meißel führt. Seine Hände haben sich schon oft an der Härte des Holzes gemessen, der Händedruck ist entsprechend. Und er tritt mit einer Souveränität auf, die so bemerkenswert ist wie seine Türen. Er ist ein Mann mit Wurzeln, die in mir unbekannte Tiefen reichen. In seiner Werkstatt scheint alles zusammenzugehören: die Bäume, die Hütten, die Kinder, das Holz, vom gefällten Stamm bis zur fertigen Tür, die zwei sägenden Männer und Salim Kitmana Salim, einer der letzten Meister der Schnitzkunst auf Sansibar. Seine Kinder werden den Beruf weiterführen, er hofft darauf. Aber es gäbe immer weniger Leute, die sich für solche Berufe entscheiden. Zu anstrengend, zu schwierig, zu lange Lehrzeiten. Das wolle niemand mehr auf sich nehmen. Die Jüngeren suchen den Weg, der sie schnell reich mache, und den vermuten sie im Handel und im Tourismus. Er nimmt einen Auftrag von mir an, eine kleine Truhe, und verabschiedet sich so verbindlich, wie er uns begrüßt hat. Eigentlich, geht mir durch den Kopf, müßte auch Herr von Weizsäcker mit Stolz erzählen, wen er da im fernen Sansibar kennengelernt hat …

Gegen Ende der siebziger Jahre des letzten Jahrhunderts war das Reich der Sultane von Oman eine zu attraktive Beute im imperialistischen Wettrennen um die Aufteilung Afrikas, als daß es von Eindringlingen verschont geblieben wäre. Die Engländer, die Deutschen und die Franzosen versuchten Einfluß in Ostafrika zu gewinnen, und einer der Schlüssel zum Erfolg war die Kontrolle über Sansibar. Wenn die Bemühungen der Missionare, Abenteurer, Scharlatane, Offiziere, Journalisten und Forscher im Dienste ihres Vaterlandes nichts fruchteten, wenn die Einheimischen sich aufmüpfig zeigten, wurde die Marine zu Hilfe gerufen. Sansibar war angesichts seiner geostrategischen Lage ein prädestiniertes Opfer für Einschüchterungen durch Kriegsschiffe, die vor dem Hafen der Stadt ankerten und ihre Kanonen auf Palast und Fort richteten, während die Konsuln und Gesandten am Hofe des Sultans Barghash intrigierten.

Die erste Runde des kolonialen Ringens um Ostafrika ging an die Deutschen, in deren Reihen sich ein Aufschneider und Fanatiker befand, der selbst in dieser an fragwürdigen Persönlichkeiten nicht armen Epoche besonders herausstach: Dr. Karl Peters. Als Gründer und eifrigstes Mitglied der *Deutsch-Ostafrikanischen-Gesellschaft (DOAG)*, eines anfangs ohne jegliche staatliche Unterstützung tätigen Vereins, reiste er auf dem Festland von Dorf zu Dorf, von Stamm zu Stamm, und schloß mit den Häuptlingen »Verträge« ab, die den afrikanischen Unterzeichnern großzügig den Schutz des Deutschen Reiches zusicherten. 1886 beschloß die Regierung Bismarck, die Vorarbeit von Peters zu nutzen. Man erteilte der DOAG einen Schutzbrief und übernahm somit offiziell die Verantwortung für deren Aktivitäten. Sultan Barghasch wurde gezwungen, fast das gesamte Festland abzutreten.

Doch der Heißhunger von Peters war noch nicht gesättigt. In einer abenteuerlichen Aktion gelang es ihm, auch mit Mwanga, König der Buganda und Herrscher über große Teile Ugandas, einen »Schutzvertrag« abzuschließen. Als Peters wieder in die Küstenstadt Bagamoyo – den Verwaltungssitz der Kolonie – zurückkehrte, erfuhr er, daß die Außenpolitiker Großbritanniens und Deutschlands sich am 1. Juni 1890 endgültig über die Verteilung der Pfründe geeinigt hatten. Peters Anstrengungen waren umsonst gewesen, denn Uganda, wie auch das gesamte Kenia und die Inseln Sansibar, Pemba und Mafia fielen unter britische Herrschaft. Deutsch-Ostafrika blieb auf Tanganyika, Ruanda und Burundi begrenzt. Als kleines Zuckerstückchen gaben die Briten Helgoland ab. Diese

Vereinbarung ging als *Helgoland-Sansibar-Vertrag* in die Geschichtsbücher ein – im nachhinein gesehen zu Recht, denn schon knapp dreißig Jahre später war dem Deutschen Reich nur noch die kleine Nordseeinsel geblieben. Die Geschichte von Karl Peters endet auf einem sarkastischen Ton. Das Denkmal, das man zu seinen Ehren in Dar-es-Salaam errichtet hatte, wurde 1918, wenige Jahre nach seinem Tod, nach Helgoland umgesiedelt. Fast wundert es einen, daß die Statue vor Wut nicht aufgeschrien hat.

Die Steinerne Stadt

In der Mittagszeit sitzen die Kinder am Fenster und spielen mit ihren Kulleraugen und ihren Gedanken. Oder sie werfen sich in den schattigen Gassen selbstgeknäulte Bälle zu und zielen gelegentlich auf die pomadigen Gockel. Sie spielen mit leeren Plastiktüten oder mit meinen Fragen, die sie mir im Mund umdrehen. Woher kommst du? Die beliebteste aller Fragen. Wie heißt du? Wieso sprichst du so wenig Suaheli? Hast du einen Stift für mich? Oder Geld? Die ganz Kleinen kreischen *mzungu* (Weißer, Europäer) und greifen nach meiner Hand. Hin und wieder zeigt sich ein Erwachsener, vergewissert sich, daß alles in Ordnung ist und verschwindet wieder.

Stone Town, die Altstadt Sansibars, ist ein Ort der Fragmente. Von den Frauen sieht man nur die Augen und die Füße, von den Gebäuden nur eine Seite oder gar eine Ecke und hinter den Fenstern nur einen Arm, einen Kopf oder eine Nase. Nur vom Meer aus kann man sich einen Überblick verschaffen. Von den Häusern sieht man nur den Eingang, von dem Eingang nur die Treppe und von der Treppe nur die ersten Stufen, dahinter Dunkelheit. Das macht den Reiz aus: Man sieht genug, um angeregt, aber nicht so viel, um gesättigt zu werden.

Die Architektur von Stone Town bietet Komfort. Nicht nur Schatten, auch viele Sitzgelegenheiten auf den steinernen Bänken. Die Häuservielfalt reicht von neu errichteten, weißgetünchten Stadtpalästen und Hotels bis hin zu Gemäuern, die Pilze und Moos angesetzt haben, Auswirkungen der Meeresluft, die einen neuen Wandanstrich im mehrjährigen Turnus nötig machen.

Der idyllische Eindruck von Sansibar-Stadt aus der Ferne täuscht heute so wie schon im neunzehnten Jahrhundert. Das Labyrinth von schmutzigen, übelriechenden Gassen voller Ungeziefer, die sich durch die Abfälle eigene Wege bahnten, erstickte damals jegliche Verklärung. So reinlich die Sansibari im eigenen Heim waren, so wenig Bedenken hatten sie, ihren Müll in die Gassen zu werfen. David Livingstone nannte Sansibar »Stinkibar« und fügte noch hinzu (als würde dieser Kosenamen noch nicht reichen): »Der nächtliche Gestank ist so kraß, daß man sich daraus ein Stück schneiden könnte, um damit den eigenen Garten zu düngen.« Erst die Reformen des Sultan Barghash zur Jahrhundertwende, vor allem der Bau einer Kanalisation, verbesserten die Lebensverhältnisse.

Nach der Revolution von 1964, bei der die Sultansherrschaft blutig beseitigt wurde und die Aufständischen die Oberschicht der Araber sowie die meist vermögenden, indischen Kaufleute vertrieben, wurden deren Häuser enteignet und zu symbolischen Mieten an Bedürftige beziehungsweise an Verwandte und Bekannte der zuständigen Beamten vermietet. Froh über ein solides Dach über dem Kopf, hatten diese Menschen weder die Mittel noch die nötige Bildung, ihre neuen Bleiben zu erhalten.

Nach den zwei englischen Verbesserungsplänen aus früheren Jahren, deren bescheidene Absichten in bescheidenem Ausmaß verwirklicht worden waren, wurden 1968 Fachkräfte aus der DDR zu Hilfe gerufen, denn die regierende Einheitspartei gab sich nach der Revolution sozialistisch. Die ostdeutschen Architekten erstellten einen dritten *master plan.* Sie entwarfen – mit dem ihnen eigenen Blick fürs Wesentliche – ein Behördenviertel mit einer Verbindungsstraße zur Altstadt. Die Straße wurde gebaut, nicht aber die Verwaltungsgebäude. Dafür errichteten sie unmittelbar hinter der Stone Town Wohnsiedlungen, die *Michenkanzi Flats*, deren Trostlosigkeit sie direkt aus der DDR importierten. Wenn man nicht wüßte, daß sie zu Hause nicht anders gebaut haben, müßte man meinen, sie wollten den Sansibari Böses.

In den frühen achtziger Jahren stürzten viele Häuser aus Altersschwäche ein, besonders während der Regenzeit. Profitgierige Bauunternehmer, denen der Platzmangel im Weg stand, nutzten die entstandenen Lücken aus. Das Grundbuch war kein Hindernis, denn es hatte seit zwanzig Jahren keine umfassende Aktualisierung mehr erfahren. Die Stadtverwaltung bat um internationale Hilfe. Die UN fertigte eine Studie an. Mit finanzieller Unterstützung des Aga Khan wurde ein weiterer *master plan* ausgearbeitet, wie auch in Mombasa und Lamu.

Damit ist zwar ein Rezept vorhanden, nur fehlt die Medizin. Eingereichte Baupläne werden nach ihrer Bewilligung oft wesentlich geändert. Zudem lassen sich die Behörden mit Geld von (fast) allem überzeugen. Häuser werden errichtet, die die architektonische Eigenart und Einheit von Stone Town brutal aufbrechen, so als würde man mitten in Rothenburg ob der Tauber einen McDonalds Drive-In bauen. Die Stone Town Conservation and Development Authority (STCDA), eine 1985 ins Leben gerufene Abteilung des Bauministeriums, soll den Erhalt der Altstadt sichern. Doch ihr legaler Status ist nicht klar genug bestimmt, und sie verfügt über keinerlei Möglichkeit, ihre Vorstellungen durchzusetzen. Proteste, Vorladungen der Schuldigen, sogar Gespräche mit dem Präsidenten von Sansibar haben bislang wenig gefruchtet. Daher wird momentan ein weiterer Baunutzungsplan erstellt, der Gesetzeskraft erhalten soll.

In den letzten Jahren hat sich die Politik der Regierung in einigen wichtigen Bereichen geändert. Die strikte staatliche Kontrolle von Privateigentum und geschäftlicher Initiative wurde gelockert. Reiche Exilsansibari und andere Investoren strömen nach Sansibar. Einerseits verfügen sie über die nötigen Mittel, die Häuser zu renovieren, andererseits haben sie Geschäftsinteressen, die dem Erhalt der Altstadt zuwiderlaufen. Trotz allem sind die Zuständigen vorsichtig optimistisch, daß die Bausubstanz und somit die Eigenart der einzigartigen Stone Town erhalten werden kann.

Aus Hollywood, Hongkong und Bombay

Eines Abends in Sansibar beschließe ich, ins Kino zu gehen. Die allgegenwärtigen Plakate mit amerikanischen und indischen Filmhelden, die Wandgemälde zu Commando Schwarzenegger oder Rambo haben meine Neugier geweckt. Das Gebäude ist imposant, zwei Etagen hoch. Eine breite Treppe führt außen zur Veranda und den Rangplätzen hinauf. Der Eintrittspreis ist niedrig und der Platzanweiser, ein seniler Inder mit weißgrauen Bartstoppeln, dem das Aufstehen von seinem am Eingang postierten Hocker Atembeschwerden verursacht, reißt umständlich das Ticket ein, das einen zweistelligen Betrag angibt, der nicht einmal mehr als Münze existiert. Eine Gruppe Halbstarker auf der anderen Straßenseite raucht, kaut das beruhigende *miraa* und gafft mich verwundert an. Nachdem ich zu den Rangplätzen hochgegangen bin, begreife ich wieso: Ich bin dort oben ganz allein – um genau zu sein, auch im Parkett befindet sich niemand –, und da weder Werbung noch Nachrichten laufen, habe ich reichlich Zeit, die Plätze im Saal zu zählen: 380 im Parkett, 168 auf dem Balkon.

Gerade als der Film beginnt, bekomme ich Gesellschaft von zwei Arabern. Das Geschehen auf der Leinwand ist so wenig zu erkennen, wie das Motiv auf einem verwaschenen T-Shirt. Anfangs fehlt der Ton, der den Schemen Sinn geben könnte. Plötzlich knistert es heftig und verzerrte Stimmen sind zu vernehmen – die Sprache kann ich nicht ergründen. Allmählich verbessern sich auch die Lichtverhältnisse, und ich erkenne einen Bodybuilder, der mit einem Jeep und in Begleitung von Frauen mit kurzen Hosen und blonden Mähnen, auf einer tropischen Insel hin und her fährt. Er trägt stets einen Revolver und wird einmal angeschossen. Während eine der Frauen ihn verarztet, sind seine Oberkörpermuskeln ausgiebig zu bewundern. Inzwischen ist auch das Mikrophon am oberen Bildrand zu sehen, und ich widme mich den zahlreich erschienenen Moskitos.

Zwanzig Minuten nach Filmbeginn stehe ich wieder auf der Treppe. Die Halbstarken lachen. Ich gehe zu ihnen und biete Zigaretten an.

»Zu wenig Liebe, wie? Keine schönen Mädchen?«
Sie empfehlen ein anderes Kino, das sei besser.

Das Kino von Lamu hingegen ist mehr als einen Besuch wert. Dort, wo hinter den Hügeln der Stadt aus Stein Lehm wird, befindet sich das Freilichtkino. In einem riesigen Innenhof reihen sich alte Stühle aneinander, einer Wand zugewandt. Programm und Vorführtechnik müßten jeden Zuschauer das Fürchten lehren, aber die Atmosphäre entschädigt, denn das Auditorium versteht sich als antiker Chor. Mit Schadenfreude und Mitgefühl, mit Entsetzen und Lachen kommentiert es die Abenteuer lächerlicher, überzeichneter Helden. Bei Kußszenen zieht ein kennerhaftes Schnalzen durch die Reihen, bei Gefahr wird die Luft angehalten, bei Kämpfen der Gute lautstark angefeuert. Das Verhalten der Chinesen, Inder, Kalifornier und Österreicher auf der Leinwand wird kommentiert, aus moralischer Warte: Böse Frau, was für eine böse Frau … Ooooooh, das kannst du doch nicht machen, das macht man nicht … Weiter so, so ist es richtig …

Zuschauer gehen ein und aus, werfen sich Witze über die Reihen hinweg zu, die Stühle quietschen bei jeder ihrer Bewegungen. Hin und wieder beleuchtet ein Streichholz ein süchtiges Gesicht. Nach einer Stunde ist der Spaß plötzlich vorbei – irgendwo zwischen der Produktion und dem Abspielen im Freilichtkino von Lamu ist ein beachtlicher Teil des Films verschwunden.

Wer sich trotzdem langweilt, der kann den Sternenhimmel betrachten – ein Vergnügen, das die Studiolichter von Hollywood, Hongkong und Bombay überdauern wird.

Menschen von Lamu

Ich hatte das Glück, Lamu dreimal ausgiebig zu besuchen – in einem Abstand von jeweils zehn Jahren. Beim ersten Mal mit dem Auto, auf Straßen, die alles daran setzten, einen vom Zielort fernzuhalten. Die einstige Mühsal des Reisens in Afrika war noch spürbar. Zur Überquerung des *Tana River*, des größten Flusses Kenias, der etwa hundert Kilometer südwestlich von Lamu in einem wenig erforschten Delta in den Ozean fließt, stand nur ein Floß zur Verfügung. Um durch die starke Strömung zur anderen Uferseite zu gelangen, mußten alle Reisenden an zwei Seilen ziehen, an denen das Floß befestigt war. Die Straße endete bei einem Parkplatz, wo man das Auto zurückließ und mit einem Boot nach Lamu übersetzte. Damals wie auch heute sind Autos auf Lamu verboten, mit Ausnahme natürlich des Land Rovers des *District Commissioners.*

Beim zweiten Mal, Anfang der achtziger Jahre, fuhr ich mit dem Bus. Es waren unsichere Zeiten. Die *shiftas*, schwerbewaffnete Banden, meist Somalier, überfielen regelmäßig Transporte in den Norden Kenias. Also fuhr der Bus im Konvoi, mit einigen Polizisten an Bord. In Witu wurde Halt gemacht, einem verschlafenen Städtchen, das sich wohl kaum geändert hat, seit Karl Peters von hier aus ins Landesinnere aufbrach. Mädchen verkauften karamelisierte Süßigkeiten, die so lecker waren, daß man den anschließenden Durst in Kauf nahm.

Beim dritten Mal flog ich hin, eine angenehm kurze Reise mit einem kleinen Propellerflugzeug. Nach der Landung auf der Insel Manda gegenüber von Lamu ging es einen staubigen Weg zum Bootsteg hinunter, der anläßlich eines Präsidentenbesuchs kurz zuvor errichtet worden war.

Bei jedem Aufenthalt fand ich Lamu und die gleichnamige Inselgruppe verändert vor, und doch war es auch gleichgeblieben. In den frühen Siebzigern galt es noch als Geheimtip, ein Ort für Landeskenner. Doch es war gerade von den Hippies, Weltenbummlern und ambitionierten Selbsterfahrungsreisenden entdeckt worden. In den Jahren danach wurde Lamu zum mystischen Refugium, zum legitimen Nachfolger von Katmandu, von wo die neuen Gäste vertrieben worden waren. Sie ließen sich auf den Dächern Lamus nieder, rauchten Gras, *shit* und *bhang* und verloren ihre Gedanken in dem Labyrinth der Gassen. *Bhang*, wie das Kraut in Kenia heißt, war damals – wie auch heute – leicht und preiswert erhältlich. (Marihuana spielte in vielen afrikanischen Gesellschaften traditionell eine wichtige Rolle. Es wurde in den Gärten angebaut und als vielseitiges Heilmittel verwendet, unter anderem gegen Epilepsie und Augenerkrankungen.)

Die Einwohner von Lamu waren schockiert. Traditionell gastfreundlich und stolz, liegt es ihnen fern, Not oder Armut nach außen hin zu zeigen. Lieber das Allerletzte hergeben, als den Eindruck erwecken, die eigene Familie leide Mangel. Auch schätzen sie persönliche Reinlichkeit sehr. Ein alter Mann namens Bakari Abedi vertraute einem Journalisten aus der Hauptstadt seine Eindrücke an: »Ich bin sehr erstaunt, diese jungen Menschen in solch einem Zustand zu sehen. Sie stinken und sind schmutzig. Das Haar ist ganz verwahrlost. Irgendetwas Schreckliches muß in ihrer Heimat passiert sein, eine Hungersnot oder eine Dürre, die sie gezwungen hat, nach Lamu zu kommen. Sie sind wie Bettler, und wenn sie billige Nahrung auf dem Markt kaufen, schachern sie stundenlang um den Preis.«

Als sich aber die Fremden schließlich nackt am Strand tummelten, die Mädchen in enger Umarmung mit jungen Einheimischen, war die Geduld der Älteren erschöpft. In einer Reihe von Pensionen führte die Polizei Razzien durch, das Campen am Strand wurde verboten, und einige Unbelehrbare wurden ausgewiesen. Angesichts der steigenden Touristenzahl in Kenia rettete nur die Abgelegenheit und Enge Lamus seine soziale Struktur.

Anfang der Neunziger sind weitere Gefahren aufgetaucht. Während sich die Hauptstraße *usita wa mui* von einigen Souvenirläden abgesehen, durch die Jahrhunderte kaum verändert hat, ist Shela, einst ein verschlafenes Dorf hinter einem schönen Strand, nicht wiederzuerkennen. Eine Villa reiht sich an die andere, ein Hotel an das nächste, und dazwischen drängen sich bescheidenere Pensionen. Reiche Europäer aus Nairobi oder Übersee haben die besten Grundstücke erworben und imposante Ferienhäuser errichtet, die sie ein- oder zweimal im Jahr besuchen. In der Zwischenzeit sprengt ein Hausverwalter den Rasen. Es ist abzusehen, daß Shela bald einem der touristischen Dörfer Südeuropas ähneln wird, in denen nur noch soviele Einheimische leben wie zur Bedienung der Touristen nötig.

Aber noch ist es nicht so weit, und der Alltag bezeugt das in vielfältiger Weise – der Alltag von Leuten wie Nikolas dem Schneider, Isaiah dem Friseur und Monajama dem Sänger.

Nikolas hat eine kleine Schneiderei an einer der größeren Gassen. Er verrichtet seine Arbeit im Schatten eines Vordachs, unter der umtriebigen Anteilnahme seines kleinen Sohnes. Zwar hat er eine Werkstatt, doch ihm ist der Arbeitsplatz draußen lieber. Hier kann er den Kontakt zu seinen Kunden besser pflegen ... »mit dieser Hose würde ich nicht mehr herumlaufen, schau dir dieses Hemd an, du willst wohl nicht heiraten« ... und mit Bekannten plauschen. Er sitzt an einer klapprigen Nähmaschine, *made in the People's Republic of China*. Er beeilt sich zu versichern, daß er drinnen eine *Singer* stehen habe, für die richtige Arbeit. *Singer* und *Pfaff*, das seien Maschinen, die was taugen. Bei den chinesischen könnte jeder Stich der letzte sein. (Eine ähnliche Hochachtung genießen die englischen Fahrräder, die ihren chinesischen Verwandten nur im Preis unterlegen sind). Nikolas hat eine Ausbildung zum Schneider an einer Berufsschule in Malindi abgeschlossen. Nun flickt er meist zerrissene Jeans oder Hemden. Er würde liebend gerne einmal etwas kreieren, aber die Leute haben selten genug Geld, sich einen Stoff zu kaufen und zu ihm zu kommen. Dann, ja dann würde er aus eigenen Entwürfen etwas zaubern. Er bietet auch einen Bügelservice an und verkauft für fünfzig Cents »Eis« aus einer Kühltruhe an die Kinder: gefrorener Passionsfrucht- und Orangensaft. Aber das wichtigste sei gute Musik, das mache einen gut geführten Laden aus.

Nikolas kommt gut über die Runden. Er hat sich alles allein aufgebaut, ohne Anleitung und ohne Unterstützung. Eine alte Nähmaschine, ein Tisch und ein Stuhl, und er war im Geschäft. Eine andere Möglichkeit, Geld zu verdienen, sagt er entschieden, gäbe es für ihn nicht.

Auch Isaiah kann eine Ausbildung vorweisen, ein halbes Jahr Friseurschule in Mombasa. Auch er verfügt über einen kleinen Raum mit einem Tisch, einigen Stühlen, einem Spiegel und einem Rasierapparat mit vier verschiedenen Einstellungen. Die Wände sind beklebt mit Illustriertenausschnitten, Bilder von modisch gekleideten Schönheiten, indischen Filmstars und von Mike Tyson. Vor dem Friseurladen hängt eine Tafel mit sechs Typen von Haarschnitten, in einem naiven Stil gezeichnet. Ob der Friseur die ausgefallenen Frisuren auch beherrscht? Zumindest habe ich sie nie auf den Straßen Lamus gesehen. Aber die Tafel gehört zu dem fortschrittlichen Stil des »Salons«. Denn verglichen mit den Haarschneidern auf dem Dorf, die unter einem Baum einen Stuhl postieren und mit Glasscherben bewaffnet ihre Opfer traktieren, ist Isaiah ein moderner Friseur.

Isaiah hat reichlich Kundschaft. Auf die Frisur, vor allem auf das fachmännische Gespräch darüber, wird großen Wert gelegt. An den Haaren der meisten Männer, die vorbeischauen, gibt es kaum etwas zu schneiden. Isaiah bessert nach, stutzt. Die Kunden lieben es kurz. Nur die Rastas haben langes Haar, ein Symbol, das in Kenia während des Mau-Mau-Aufstandes gegen die englischen Kolonialherren aus Jamaika importiert wurde. Noch heute werden Rasta-Locken als Zeichen von Rebellion und Widerstand verstanden, weswegen gelegentlich ihre Träger von jugendlichen Anhängern der Regierungspartei KANU vermöbelt oder zwangsfrisiert werden. Aber die Begeisterung über die militärkurzen Haare, die Isaiah meinem Kopf noch gelassen hat, ist eher ästhetischer Natur. »You look very nice«, meinen die wartenden Kunden. Zuvor, mit langen, zottigen Haaren und einem zerknitterten Hemd unterwegs, hatte man mich keines Blickes gewürdigt. Aber nun, mit ordentlichen Haaren und einem frischen Hemd, entsprach ich den Vorstellungen von einem gepflegten Mann.

Wenn Nikolas und Isaiah ihre Läden abgesperrt haben und nach Hause gegangen sind, tritt Monojama auf. Die Nacht hat sich über Lamu gelegt. Nur wenige Lebensmittelläden haben noch geöffnet, nur Verspätete sind unterwegs. Monojama lehnt an der Tür eines kleinen Ladens und singt. Seine Kleidung wirkt ärmlich, sein Körper gebrechlich. Die Augen aber sind so lebendig wie seine Stimme. Und sein Gesang findet durch die engen Gassen zu den Ohren, die er verdient. Die wenigen Kunden im Laden sind schon in Bann geschlagen, und es kommen immer mehr Menschen hinzu, setzen sich auf Stufen und vereinzelte Steine oder stehen im Hintergrund und hören zu.

Dies ist die Stunde von Monajama. Er besingt die Geschichte Lamus, die großen Taten und die kleinen Schwächen der Vorfahren. Er ist ein Nachfolger des Dichters aus Paté, Sayyid Abdalla Bin Ali Bin Nassir, und wie dieser ein Bewahrer des Vergänglichen. Aber sein Gesang ist lebendig, und Monojama findet ein Publikum, das seine Kunst mit einer bescheidenen Gabe zu würdigen weiß.

Ein politisches Fest

Jeden Tag um sechs Uhr abends wird die kenianische Flagge vor dem Büro des District Commissioners am Kai eingeholt. Ein Polizist trillert einmal mit seiner Pfeife, und jede Bewegung auf der geschäftigen Hafenpromenade erstarrt. Das ist Vorschrift. Nur die Ohren einiger Esel und eine flatternde Plastiktüte bewegen sich. Die Kinder haben sichtbar Mühe stillzuhalten, und als der erlösende Pfiff eine Minute später ertönt, brechen sie in ein Jaulen, Schreien, Hüpfen und Kreischen aus, um all das nachzuholen, was sie in der einen Minute verpaßt haben. Die Gespräche gehen weiter und die Beine setzen ihren Weg fort.

Zu dieser Tageszeit hat der District Commissioner, der als eine Art Provinzgouverneur der mächtigste Mann der Region ist, seinen Land Rover schon längst bestiegen und ist die dreihundert Meter von seinem Amtsbüro hinter der Fahne zu seiner Residenz gefahren. Die prachtvolle Villa stammt von den Engländern, die das Talent besaßen, ihre Verwaltungssitze an den landschaftlich schönsten Stellen zu errichten. Für die Bewohner von Lamu ist der Commissioner ein ständiges Ärgernis. Nicht so sehr, weil er sich im einzigen Auto kutschieren läßt und auch sonst reichlich Privilegien genießt, sondern weil er ein Zugereister ist, ein Fremder. Ein Mann aus dem Landesinneren, der nach Lamu versetzt wurde. Denn die Zentralregierung und die mächtigen Volksgruppen des Hochlandes und der Steppe trauen der Küstenbevölkerung nicht.

Dieser auf Gegenseitigkeit beruhende Argwohn, von historischen, religiösen und ethnischen Motiven getragen, prägt die Politik der kenianischen Küstenregion. In Tansania ist dieses Mißtrauen zwar auch vorhanden, aber der Umgang damit war bislang konfliktfreier. Sansibar hat politische Autonomie in fast allen Bereichen, außer der Landesverteidigung und der Außenpolitik, und es hat einen Anteil am Namen des Staates – Tan-*san*-ia. Darüber hinaus ist Kisuaheli die vorherrschende Sprache, im Gegensatz zu dem dominierenden Gebrauch des Englischen in Kenia. Und bis 1995 war mit Ali Hassan Mwinyi ein Sansibari Präsident des Landes. Aber auch in Tansania schlagen die Wogen in letzter Zeit höher. Die Absicht Sansibars, dem Islamischen Weltrat beizutreten, führte 1993 zu heftigen Auseinandersetzungen im tansanischen Parlament. Seitdem mehren sich die Stimmen, die gänzliche Unabhängigkeit fordern. Doch noch scheinen diese Spannungen im Nachbarland friedlicher abgebaut zu werden als in Kenia …

Ali Fanni sitzt vor dem Museum und pocht erzürnt auf die Zeitung. Wenn das gerecht ist! Die Worte sprudeln aus ihm heraus, als seien sie zu lange von seiner stoischen Miene zurückgehalten worden. Ich setze mich auf die Bank gegenüber und versuche, seinen Zorn zu begreifen. Die Zeitung berichtet über ein *settlement scheme*, eine Umsiedlungsaktion der Regierung, bei der besitzlosen Bauern fern ihrer Heimat Land zugeteilt wird. Und in diesem Fall ist es Küstenland.

»Wir *coast people* werden ständig benachteiligt. Das gesamte Gebiet zwischen Witu und Kiwau war unser Stammesgebiet vor und während der englischen Kolonialzeit. Nach der Unabhängigkeit haben die Stämme vom Landesinneren unser Land an sich gerissen und unter ihren eigenen Leuten verteilt. Mit diesen *settlement schemes* wollen sie den Landhunger der Bevölkerung befriedigen und rauben uns dabei unser angestammtes Land. Außer in Lamu gibt es in keinem unserer Orte ein ordentliches Grundbuch, in dem die traditionellen Rechte verankert wären. Ich lebe in einem Haus, das seit meinem Ururgroßvater unser Familie gehört, aber ich bekomme keine Eigentumsbestätigung für den Grund. Seit dem achten Jahrhundert sind wir hier. Und seitdem haben wir internationale Kontakte, Kultur, Entwicklung. Jetzt sollen wir die Dummen sein. Das gibt viel böses Blut.«

Viele Suaheli klagen über den verstärkten Zuzug von Menschen aus dem Landesinneren. Sie fühlen sich betrogen – die Neuankömmlinge würden ihnen das Land wegnehmen, so ihr Vorwurf. Die Proteste wurden erst in den letzten Jahren öffentlich. So zum Beispiel mit der Gründung der IPK, der Islamischen Partei Kenias, die schnell zweifelhafte Berühmtheit erlangte, als ihr Führer Balala im Gefängnis verschwand und eifrige Streiter einige Busse und Autos in Mombasa in Brand setzten. Doch die politische Identifikation mit dem Islam und die Abgrenzung von Andersgläubigen erweist den Suaheli keinen Dienst. Die meisten von ihnen erkennen diese Gefahren. Aber viel Auswahl haben sie, was eine legitime Interessenvertretung angeht, nicht. Nachdem die seit Jahrzehnten alleinregierende KANU-Partei 1992 die freie Gründung von Parteien zugelassen hat und im Dezember des gleichen Jahres die ersten »freien Wahlen« abgehalten wurden (die Regierungspartei konnte ihre Macht gegen eine heillos zerstrittene Opposition verteidigen), muß nun die weitere Entwicklung abgewartet werden. Man kann nur (auch für die Suaheli) hoffen, daß sie andere Wege der Selbstbehauptung finden werden als den des islamischen Fundamentalismus.

Eines späten Nachmittags sitze ich an dem Nähtisch von Nikolas und überlege mir eine Antwort auf seine Frage, ob denn auch in meinem Land eine Minderheit die Mehrheit unterdrückt, als plötzlich eine große Menschenmenge die Straße überflutet. In ihrer Mitte ein Dudelsackspieler, um dessen schrille Töne herum sich einige Trommler scharen. Begleitet werden die Musiker von festlich gekleideten Frauen und Kindern jeden Alters. Sie tanzen, singen, schwenken ihre Arme. Die Menge erreicht das Ende der

Straße, hält vor einem Eßlokal. Jetzt erst fällt mir ein zappliger Mann auf, mit dem erregten Gesichtsausdruck eines Fanatikers. Er schreit mit heiserer Stimme kämpferisch klingende Parolen hinaus und stürzt in das Lokal. Die Trommler überbrücken schlagend seine Abwesenheit, die Kinder tanzen weiter, die Menge orientiert sich neu und fließt die Gasse wieder herab, sobald der Agitator seine Nachricht von der bevorstehenden Veranstaltung losgeworden ist. Am nächsten Tag ist ein großes Fest angesagt – KANU lädt ein. Fünf Minister werden erwartet und jede Menge Besucher aus dem Umland. Ort des Geschehens wird der Platz vor dem Fort sein; Schauplatz eines ungewohnten Ereignisses – einer Wahlveranstaltung in Vorbereitung auf die erste Wahl seit Jahrzehnten, bei der verschiedene Parteien zugelassen sind.

Schon früh am Morgen beginnen die Trommeln, die Bewohner von Lamu auf die Veranstaltung einzustimmen. Am Anlegeplatz hat sich eine Aktivistengruppe versammelt, um die Ankömmlinge zu begrüßen. Auf den weißen T-Shirts prahlt ein roter Hahn und der Schriftzug *KANU*, der sich auf den Sonnenkäppies wiederholt, die großzügig verteilt werden. Die Minister sind schon eingeflogen, sie beraten sich gerade mit der örtlichen Verwaltung. Währenddessen wird die kleine Tribüne auf dem Platz vor dem Fort fertiggestellt und sogleich von unzähligen Kindern besetzt. Auf der anderen Seite des Platzes stimmen sich einige Trommler mit frenetischen Rhythmen ein. Eine kleine Gruppe Musikanten marschiert durch die Gassen: ein Zeremonienmeister in bügelfrischer, grüner Uniform und einige rotgekleidete Musiker, mit Flöte, mehreren Trommeln sowie dem dudelsackähnlichen Instrument.

Am Nachmittag ist das Fest im vollen Gange, doch von der für zehn Uhr angesetzten Wahlveranstaltung keine

Spur. Die Trommler haben tanzende Gesellschaft bekommen. Frauen trippeln, ihren Schleiern zum Trotz, behende im Kreis umher, während die Männer mit Armen und Händen den Kopf der Tänzerinnen überdachen, Kronen formen, Kränze, Hüte. Die Außenstehenden klatschen in die Hände oder gucken nur still zu, bis sie auf einmal selbst zu tanzen beginnen. Neben den Tanzenden, einige Meter entfernt und doch eine ganze Welt weiter, gehen Händler und Eselstreiber ihrer Arbeit nach. Aber noch erstaunlicher ist, daß dieser rhythmische Kreis sich nicht auflöst, als ein Mikrophon knistert und ein Mann im Anzug auf der Tribüne den Beginn des offiziellen Hauptereignisses ankündigt.

Die Minister und Administratoren haben sich eingefunden. Sie sitzen wie Ausstellungsstücke vor der Menge. Der erste Teil der Veranstaltung ist der Huldigung vorbehalten. Ein Sänger nach dem anderen tritt hervor und lobt die beste aller möglichen Welten: die Republik Kenia unter der Führung von KANU. Eine schrille, sich ständig überschlagende Stimme genießt besondere Hochachtung. Ihr atemloser Gesang dauert eine halbe Stunde lang, nur gelegentlich unterbrochen von einem Moderator, der neben der Tribüne mit einem Mikrophon in der Hand steht, und emphatische Zwischenrufe einstreut, wenn er nicht gerade an seiner Zigarette pafft. Der Schweiß rinnt ihm über das Sakko, mit dem Ärmel wischt er sich gelegentlich die Stirn ab. Von Zeit zu Zeit spenden die Ehrengäste Geldscheine, die der Sängerin unter das Kopftuch geschoben werden. Das erinnert an die islamisch-afrikanische Tradition der *griots*, Dichter und Sänger, die von Mäzenen abhängig waren, deren Lob sie zu besingen und deren Größe sie zu verkünden hatten. Adlige Geschlechter und reiche Familien hielten sich einen eigenen Chronisten, der die Geschichte des Hauses – verknüpft mit der Geschichte der

Gemeinschaft – wiedergab, ausschmückte und allgemeine Geschichte werden ließ.

Wenn die Minister mit ihren zumeist massigen Körpern einige Takte lang mittanzen, noch einige Scheine verteilen und dann selbstzufrieden zu ihren Sitzen zurückkehren, zeigen die Zuschauer einen Anflug von Begeisterung. Ansonsten bleiben sie stumm, beobachten regungslos. Selbst die auffordernden Akklamationen der Aktivisten provozieren sie nur zu einigen halbherzigen Rufen. Die stoische Ruhe des Publikums wird von diesen mit umso mehr Enthusiasmus und Geschrei aufgewogen. Sie sind schon den ganzen Tag auf den Beinen, mit Liedern und Parolen auf den Lippen und obwohl sie nicht zahlreich sind, lag die Stadt den ganzen Tag lang unter einer Lärmglocke. Als um sechs Uhr abends die Flagge eingeholt wird, jubelt der harte Kern ein letztes Mal und zieht von dannen, während die Alten auf den Bänken vor der Moschee auch diesen Tag mit Kopfschütteln, ironischen Bemerkungen und Witzen kommentieren.

Nicht nur die Alten haben ein tieferes Verständnis von Macht und Politik. Selbst ein bekennender Anhänger von KANU äußert sich tags darauf abfällig über das Parteiblatt ›Kenya Times‹. »Ach, eigentlich sollte ich es ja lesen«, stöhnt er und wirft einen flüchtigen Blick auf den Sportteil. Oft beginnt ein Gespräch mit der Feststellung, von der Politik sei nichts zu erwarten, die Politiker dienten nicht den einfachen Menschen, sondern nur den Reichen, Gierigen, Korrupten. Auch hier hat der »kleine Mann« den Durchblick, ohne aber irgendwelche Konsequenzen daraus zu ziehen. »Bei uns ist Alkohol verboten, weil es einen besoffen macht, aber die an der Macht, die sind ständig besoffen.« Für Ali Fanni jedoch, dem das letzte Wort gebührt, sind die Suaheli selbst an ihrem Zustand schuld.

»Wir sind nicht reif genug. Wir tun nichts, wir reden nur. Den ganzen Tag. Nichts als reden.« Und er vertieft sich wieder in die Zeitung, die eine der kürzeren Reden abgedruckt hat, die bei der KANU-Feier gehalten wurden.

Die letzte Welle der Weißen

Die Zeiten, in denen man nicht nach Hawaii fuhr, weil es dort kein Bier gab, sind längst vorbei. Heute kann man stundenlang durch dürre, unwirtliche Gebiete fahren – man erreicht unvermeidlich eine touristische Oase und bestellt sich ein *Tusker* oder *White Cup*, ein *Tuborg* oder *Heineken*. In dieser Hinsicht vorbildlich ist der kenianische Küstenort Malindi. Vor zwei Jahrzehnten noch ein ruhiges Städtchen mit traditionsreicher Altstadt, bedient es heute Touristenmassen, die um vieles die Einwohnerzahl übersteigen. Malindi ist das beste Beispiel für die Schrecken, die Lamu und Sansibar bevorstehen, wenn die bewahrenden Kräfte unterliegen.

Nördlich und südlich von der Säule, die an die Landung des ersten Europäers, Vasco da Gama, erinnert, erstreckt sich die Kette der Hotels. Infrastruktur und Organisation sind hervorragend: eine asphaltierte Hauptstraße vom Süden her, ein Flughafen in unmittelbarer Nähe. Auch die Afrikaner, die in den Hotels arbeiten, sind meist Fremde, auf Arbeitssuche zugezogen aus dem Landesinneren. Zäune und Wächter schirmen das Umland von den Touristen ab, so erfolgreich, daß kaum ein Besucher auf die Idee kommt, sich weiter hinauszuwagen als auf die Einkaufschaussee hinter den Hotels. Dort wird in Hunderten von kleinen

Bretterschuppen angeboten, was als Bodensatz afrikanischer Kultur billig und massenhaft herzustellen ist.

Einen Schritt weiter befindet sich eine Promenade mit deutschem »Biergarten«, der mit einer riesigen schaumgekrönten Maß lockt. Ein Schild am Eingang grüßt: »Essen wie bei Mutter«; die Übersetzung für die italienischen Gäste steht gleich daneben. Die Bedienung spricht ebenso Deutsch wie Italienisch und die Speisekarte bietet neben Bier alles, was der Mensch sonst noch zum Leben braucht: von Spaghetti bis Bockwurst. So kann man sich in der Fremde heimisch fühlen. Was die mehrheitlich moslemische Bevölkerung zu diesem Monument der Trunkenheit sagt, kann man sich leicht vorstellen.

Am Abend hat der Besucher die Qual der Wahl. Wilde Einheimische führen ein Potpourri ungestümer Verrenkungen auf, gekleidet in Nachahmungen von Leopardenfell. Das ist so authentisch, als würden Sizilianer und Lappen einen Schuhplattler präsentieren. Wem das nicht gefällt, der wird den voll klimatisierten Discos vielleicht mehr abgewinnen können. Dort gibt es Einheimische zum Betatschen und günstig dazu …

Nach zwei Wochen Malindi kehrt man entweder sehr glücklich oder als Misanthrop nach Hause zurück.

Am letzten Tag in Mombasa schlendere ich durch die Altstadt. Es ist beruhigend zu sehen, daß sich die Häuser noch immer nicht aus ihrer gegenseitigen Umarmung gelöst haben.

Ein quadratisches, beiges Haus im klassizistischen Stil erweckt meine Aufmerksamkeit. Von weitem sehe ich Säulen, Fenstervorsprünge und ganz oben, im Bogen der Fassade, eine Uhr, die den Nachmittag anzeigt. Als ich etwas später wieder vorbeikomme, zeigt sie immer noch dieselbe Zeit an. Eine Uhr, die nur zweimal am Tag recht hat. Erst aus der Nähe offenbart sich die Täuschung, mit viel Farbe liebevoll aufgemalt. Auch die Arkaden bestehen nur aus Farbe. Über ihnen bieten Firmen mit reißerischen Namen und grellen Schildern ihre Dienste an. *Wollen sie das Blaue vom Himmel? Kein Problem.* Nur mit dem Liefertermin kann es Schwierigkeiten geben.

Ich trete durch die gähnenden Türen in einen engen Innenraum. Das Mobiliar besteht aus einer Theke, einigen Blechkisten und dem Porträt des Präsidenten. Ein junger Mann hält einen Telefonhörer und wartet geduldig darauf, daß jemand zu ihm spricht. Daneben zählt ein Araber rote Quittungen. Auf der den Raum in zwei teilenden Theke liegen nur einige Bestellformulare. Die allgemeinen Geschäftsbedingungen auf Kisuaheli umfassen fünf Punkte, und mehrmals kommt das Wort *tafadhali* vor – »bitte«. Ein Dritter vergleicht endlos scheinende Zahlenreihen, die sich am Tagesende der Ordnung fügen werden und wenn nicht, dann bleibt der morgige Tag ...

Vieles in der Welt der Suaheli bleibt einem Außenstehenden fremd. Vieles wird geheim gehalten. Neugierigen Fragen begegnen die Suaheli oft mit kunstvollen Phrasen und ausgesuchter Höflichkeit. Zu Ungläubigen haben sie nicht viel Vertrauen. Die Suaheli waren nicht nur die Zwischenhändler, sondern auch die Mittelsmänner bei der Umwälzung Ostafrikas, und sie schufen die erste internationale Kultur der Region. Wenn es eine gesamtafrikanische Sprache geben sollte, kommt nur ihre in Frage. Und doch müssen sie um die Erhaltung ihrer Lebensweise kämpfen. Gegen die eigene Regierung und gegen die Fremden aus Europa und Nordamerika. Denn die Schönheit und der Reichtum des Küstenstreifens, der einst ihre Vorfahren hergelockt hat, verführt noch immer. Nur kommen diesmal die Wellen der Veränderung nicht über den Indischen Ozean.

Risse des Inneren

Von der Vielfalt des Rift Valleys
und des ostafrikanischen Hochlands

Das Rift Valley

Es rumort im Inneren der Erde. Eine kochendheiße Fontäne zischt aus Bodenritzen in die Höhe, das Wasser läuft in Rinnsalen über den Felsen, über die Terrassen aus orangefarbenen Verkrustungen, Algen und pilzförmigen Ablagerungen. Umhüllt von einer Dampfwolke und die heiße Gischt im Gesicht, übersieht man leicht die warnende Tafel: *Do not go beyond this point.* Denn wer am Ufer des Bogoria-Sees im Schlamm versinkt, kommt nie wieder heraus. Nur einige Meter weiter, im seichten Wasser, staksen Tausende von Flamingos an ihrem bevorzugten Brutplatz umher: Ihnen scheint die Hitze zu behagen.

An den Geysiren des Lake Bogoria zeigt der Große Ostafrikanische Graben (das *Rift Valley*) sein wahres, heißblütiges Temperament. Meist liegt er ruhig da, wie eine eingeschlafene Schlange, vom Weltall aus sichtbar: den Kopf im Jordan-Tal, der Schwanz in Mosambik und dazwischen der Körper, siebentausend Kilometer lang – ein Sechstel des Erdumfangs. Selten breiter als fünfzig Kilometer und durchschnittlich einen halben Kilomter tief, zeugen seine vielen Vulkane und Krater, das allgegenwärtige Lava-Gestein und die Erdspalten von vergangenen Ausbrüchen und warnen vor neuen Eruptionen. Die Erde beherrscht ihren Jähzorn über Jahrtausende hinweg, hält die Hitze und den inneren Druck unter Kontrolle. Bis sie eines Tages den verborgenen Kräften freien Lauf läßt …

Dreißig Vulkane sind im Rift Valley noch aktiv. Der imposanteste von ihnen ist der Mount Lengai. Schon auf den ersten Blick stellt sein knapp zweitausend Meter hoher, gleichmäßiger Kegel die anderen Vulkane im nordtansanischen »Hochland der Riesenkrater« in den Schatten. Richtig ehrfürchtig wird man aber, wenn man ihn zu besteigen versucht. Jeder Schritt über die steilen, rutschigen Lava-Rippen nach oben läßt einen die Erhabenheit des Oldoinyo le Engai verspüren, des Heiligen Berges der Massai – die solcher Heiligkeit vernünftigerweise aus sicherer Entfernung huldigen.

Den Aufstieg sollte man nicht vor Einbruch der Dunkelheit wagen, denn sonst müßte man es nicht nur mit dem Vulkan, sondern auch mit der Sonne aufnehmen. Wir gehen um Mitternacht los. Je tiefer die Nacht wird, desto steiler geht es hinauf. Stundenlang tasten wir uns voran, in direkter Linie nach oben: Die ausgeprägten vertikalen Lavarippen erlauben keinen serpentinenartigen Aufstieg. Immer wieder rutschen wir ab, spähen im Mondlicht nach ersten Anzeichen des Kraterrands, nehmen enttäuscht und erschöpft einen Schluck aus der Wasserflasche. Wir können Schwefel riechen, der in Dampfwolken hangabwärts treibt. Später, die aufgerissenen Hände brennen bei jeder Bodenberührung, stolpern wir, über den Kraterrand! Die erstarrte Lava schimmert, einige Schlote rauchen paffend vor sich hin, Gase steigen kerzengerade in den Nachthimmel. Die erstarrte Lava bricht wie Glas unter unseren Füßen. Später geht die Sonne auf, der Krater kleidet sich in Schönheit.

Bei dem letzten großen Ausbruch des Lengai im Jahre 1966 hatte sich soviel Magma angesammelt, daß die Erdkruste aufbrach und der Vulkan glühende Lava und eine schwarze Wolke aus heißer Asche über die spärlich besiedelte Ebene spie. Was hier im Kleinen passierte, geschah in Urzeiten in gewaltigen, kaum vorstellbaren Ausmaßen. Teile der Erdoberfläche gaben nach, und der Boden sank ab: Das Rift Valley entstand.

Einst gab es nur einen einzigen, riesigen Kontinent, Gondwanaland genannt. In seinem Inneren glühte eine unbändige Hitze, die einen Teil des Erdkruste schmolz. Die Schmelze setzte sich in Bewegung, die unterirdischen Strömungen stiegen zur Oberfläche, Gondwana zerbrach, die Teile trieben auseinander, zwischen ihnen bildeten sich Ozeane: vor etwa vierzig Millionen Jahren auch der Indische Ozean. Die groben Umrisse Ostafrikas waren gezeichnet. Es blieb neuerlichen Bewegungen überlassen, das narbige Gesicht zu formen. Vor etwa siebzehn Millionen Jahren begann die Erdkruste wieder aufzureißen. Die Vulkane tobten, Verwerfungen türmten sich auf, Erdplatten verschoben sich. In geologischen Größenordnungen ist das Rift noch jung und unreif, ein Kind, das mit dem Feuer spielt.

Ob im Alten Testament – das Ertrinken des ägyptischen Heers im Roten Meer oder die Zerstörung der sündigen Städte Sodom und Gomorrha –, ob in den Ursprungslegenden afrikanischer Völker: Vieles weist darauf hin, daß sich Geschichten aus unserem kollektiven Gedächtnis auf die Zeit der letzten großen Umwälzungen beziehen. Doch der Jähzorn, so drohen die dreißig aktiven Vulkane tagtäglich, ist noch nicht verflogen.

Doch ohne das Rift Valley wären große Teile Ostafrikas flach und trocken. Abgesehen von Ausnahmen wie dem Viktoria-See verdanken ihm alle Binnengewässer ihre Existenz, so auch der eingangs erwähnte Bogoria-See. Die vulkanischen Gebirge kitzeln den Regen aus den Wolken und spenden fruchtbare Erde. Die Hitze, der Rauch, die Gase, das Feuer, die Steinniederschläge verwandelten die Umgebung zunächst in eine leblose Landschaft, aber im Laufe der Zeit wird aus vulkanischem Boden mit Hilfe von Regenfällen bester Humus. Durch die Verwerfungen tritt oftmals Wasser an die Oberfläche, das sonst tief im

Inneren verborgen läge, und in den vielen Senken kann sich der Regen sammeln. Das Chaos unmittelbar nach der Zerstörung weicht fruchtbarer Vielfalt: reichlich Seen, Höhendifferenzen, schwankende Temperaturen und saisonale Niederschläge. Die neue Umgebung war für Lebewesen sehr einladend. Auch für Menschen …

Unsere Vorgeschichte ist in wichtigen Teilen noch nicht geklärt, aber eines ist sicher: Nirgendwo sonst auf der Welt führen paläontologische Funde weiter in unsere Vergangenheit als die aus dem Rift Valley. Funde, die womöglich das langgesuchte *missing link*, das Bindeglied zwischen den Affen und den ersten Menschen, bieten. Die Paläontologen vermuten, daß das Rift Valley eine Art Testgelände war, auf dem drei Prototypen des Menschen gegeneinander antraten: der *australopithecus africanus*, der *australopithecus boisei* und der *homo habilis*, der schließlich das Rennen machte. Aus ihm entwickelte sich der *homo erectus* und schließlich der *homo sapiens.* Dieser hatte nicht nur mehr Gehirnmasse, sondern er ernährte sich sowohl von Pflanzen als auch von Fleisch, was vielleicht sein entscheidender evolutionärer Vorzug war.

Im Rift Valley wurden die ersten kulturellen Triumphe gefeiert – Werkzeuge, Feuer, Waffen und Behausungen. Die frühen Menschen hinterließen in unwirtlichen Gegenden Spuren, die dem Rift Valley den ehrenvollen Titel »Wiege der Menschheit« eintrugen.

Unter Menschen und Affen

Einen Blick in unser evolutionäres Fotoalbum ermöglichen die Menschenaffen Afrikas: die Schimpansen, die Gorillas und die weniger bekannten Bonobos. Man bestaunt sie und sieht dabei in einen verzerrten Spiegel – die Ähnlichkeiten sind deutlicher als die Unterschiede. Die Primaten erinnern den Menschen an eine ferne Vergangenheit und an eine nahe Verwandtschaft.

Im dichten Bergnebelwald von Ruanda, Uganda und Zaire, inmitten der Virunga-Vulkane, leben die letzten Berggorillas. Ihr Überleben in den vergangenen Jahrzehnten verdanken sie zu nicht geringen Teilen der amerikanischen

Einer der Gipfel der Virunga-Vulkane im Gebiet der letzten Berggorillas

Verhaltensforscherin Dian Fossey, deren Geschichte Hollywood einen Film wert war. Als die Ausrottung der Gorillas drohte, alarmierte sie die Weltöffentlichkeit, initiierte eine Truppe zur Bekämpfung der Wilderei und verteidigte die Heimat der Gorillas mit Zähnen und Klauen und schließlich mit ihrem eigenen Leben; eines Nachts wurde sie – wahrscheinlich von Wilderern – ermordet. Die Gorillas, die sie im Laufe ihrer Forschungstätigkeit an Menschen gewöhnte, wurden zum touristischen Groß-Ereignis, das dem Staat von Ruanda in friedlichen Jahren bis zu zehn Millionen US-Dollar einbrachte – der drittgrößte Devisenbringer des Landes. Auch der letzte Bürgerkrieg hat die Gorillas erstaunlicherweise nicht ausgerottet; seit Anfang 1996 werden wieder Besuchergruppen zu ihnen geführt – der Fußmarsch beginnt am völlig niedergebrannten Forsthaus.

Trotz des Films und Fosseys Artikeln in Zeitschriften sowie der Fremdenverkehrswerbung bin ich auf den faszinierenden Anblick nicht vorbereitet, der sich uns nach einem langen Fußmarsch auf eine Höhe von dreitausend Metern bietet: Ein gewaltiger, tiefschwarzer Gorilla sitzt gelassen da, dreihundert Kilo schwer und regungslos wie eine Buddhastatue. Mit der Autorität und der Selbstsicherheit eines Patriarchen richtet er einen prüfenden Blick auf uns. Wir scheinen ihn nicht zu beeindrucken. Er hält Audienz, um ihn herum ist die Großfamilie versammelt: Einige fürsorgliche Frauen und jede Menge herumtollende Kinder. Er selbst ist schon ein *Silberrücken*, ein ausgewachsener Mann mit weißen Strähnen, der den Ruf eines strengen Familienvaters genießt. Wenn er es zum Führer einer Gruppe von Gorillas gebracht hat, richtet er sich einen Harem ein und herrscht mit absoluter Macht über die Gruppe. Meinungsverschiedenheiten mit anderen Männern werden so ausgetragen, wie wir es kennen, mit

Gewalt. Gorillas bringen sich gelegentlich gegenseitig um, und manchmal töten sie sogar ihre eigenen Kinder. Sie sind aber auch zu Freundschaft und Mutterliebe, zu Treue und Aufopferung fähig. Die Babys bleiben monatelang in der Umarmung ihrer Mutter. Die Jungen brauchen lange, um selbständig zu werden.

Wie nahe wir an den Gorillas dran sind, wird uns erst bewußt, als einer der Kleinen nach einer Kameratasche greift und sich davonzustehlen versucht. Der Wildhüter stößt einige grimmige Laute aus, und der Kleine bekommt Angst vor der eigenen Courage. Er springt in die Sicherheit eines benachbarten Baumes, guckt uns interessiert an, springt wieder hinunter und schlägt sich mit den Fäusten auf die Brust, während er den Oberkörper aufbläht. Das bißchen Respekt, den er sich erdrohen konnte, verfliegt, als er das Gleichgewicht verliert und zu Boden plumpst. Ich könnte schwören, daß ein Lachen durch seine Augen huschte.

Unsere Neugier wird von dem Silberrücken nun doch als Majestätsbeleidigung empfunden. Er richtet sich zu seinen vollen zwei Metern auf und brüllt. Untertänig lassen wir uns zu Boden fallen und verstecken unser Gesicht. Wer einem ausgewachsenen Gorilla in die Augen schaut, fordert ihn heraus – das hat uns der Wildhüter erklärt und hinzugefügt, daß wir es tunlichst vermeiden sollten, einen Silberrücken herauszufordern, denn er könne uns mit einer einzigen Handbewegung den Arm aus der Schulter reißen. Glücklicherweise läßt sich der Patriarch durch unterwürfige Gesten wieder besänftigen. Er kehrt uns seinen massiven Rücken zu, reißt eine Riesensenezia aus dem Boden und knabbert an ihr wie unsereiner an einer Möhre.

Die neuere Geschichte des Rift Valleys beginnt mit dem Ansturm von Bantu und Niloten im ersten Jahrtausend vor unserer Zeitrechnung. Die ansässigen Jäger, Sammler und Fischer hielten dieser Völkerwanderung von Norden nach Süden nicht stand. Das menschliche Antlitz des östlichen Afrika veränderte sich. In unserem Jahrtausend kamen Araber und Europäer hinzu und mit ihnen Gewehre, Geld, Gebetbücher. Kaum eine andere Region der Welt beherbergt so viele Völker und Sprachen, so verschiedene und so gespaltene Gesellschaften. Die Risse verlaufen mitten durch Länder, durch Städte, durch Volksgruppen. Die Unterschiede und Differenzen zwischen den verschiedenen Völkern und sozialen Schichten sind so gewaltig wie die Schwierigkeiten, sie in Einklang zu bringen. Doch so wie es Anfang des Jahrhunderts gelang, eine Eisenbahnlinie durch das Rift Valley zu bauen, über steilste Abhänge und Anstiege, so gelingt es den Menschen im Alltag, Wege und Brücken zum Überleben zu finden.

Nomaden im Zwiespalt

Stolze Krieger, große Tänzer, rotgewandet, schlank und flink – die Massai sind das bekannteste Volk Ostafrikas, in unzähligen Büchern und Filmen verewigt. In den Ebenen des Rift Valleys begegnet man ihnen oft, die Kinder beim Hüten der Herde, die Älteren im Schatten einer Akazie, aber auch festtagsgeschmückte junge Männer an touristischen Knotenpunkten, die sich gegen Honorar ablichten lassen oder ihre Speere verscherbeln.

Es gab Zeiten, da trieben die Massai mit Fremden keinen Handel – sie spießten sie auf. Ihre Kriegerkaste, die *ilmoran*, konnte den Vergleich mit den furchterregendsten Kämpfern der Weltgeschichte aufnehmen. Wie die römischen Legionen gingen sie in geordneter Formation in die Schlacht, die Schilder dicht an dicht. Wie die Hunnen waren sie keine Eroberer, sondern Erbeuter. Und wie die Wikinger ehrten sie den Kampf und den Tod, übten sich im Töten und erbarmten sich keines Gegners. Seit sie im 17. oder 18. Jahrhundert vom Oberen Nil nach Süden gewandert waren, hielten sie Ostafrika in Angst und Schrecken. Sie waren die uneingeschränkten Herren einer Ebene von der Größe Deutschlands. Sie verachteten die Bantuvölker, die in sicherem Abstand im Hochland Ackerbau betrieben und zogen die endlosen Ebenen vor, wo sie als Nomaden mit ihren Herden zusammenlebten. Sie glaubten, daß alle Rinder der Welt ihnen gehörten (wie auch die hamitischen Nuer im Sudan, glücklicherweise mehr als tausend Kilometer entfernt). Gott hatte sie ihnen überreicht, von seinem heiligen Berg herab, dem Oldoinyo le Engai. Von diesem einsamen Vulkan aus ließ er die Rinder an den Zweigen des Wilden Feigenbaums zu seinen Kindern herunter.

Vom deutschen Missionar Ludwig Krapf, dem Pionier unter den europäischen Predigern in Ostafrika, stammt die erste Beschreibung der Massai: »Sie sind gefürchtete Krieger, die alles mit Feuer und Schwert vernichten, so daß die schwächeren Stämme es nicht wagen, offen Widerstand zu leisten, sondern ihnen ihre Herden überlassen und sich zu retten versuchen.«

Die Rinder waren und sind weiterhin die Grundlage ihrer Kultur: ihre Nahrung, ihr Vermögen, ihre Macht. Wer hundert Rinder besitzt, gilt als wohlhabend. Die Herde gibt ihm die Sicherheit eines prallen Bankkontos. Ein

Massai kennt jedes Tier persönlich und empfindet größere oder geringere Zuneigung zu ihm. Er ist mit seinem Charakter, seiner Stimme, seinem Geruch vertraut. Geschlachtet werden die Rinder nur zu bedeutenden zeremoniellen Anlässen, denn viel wichtiger ist die Kuhmilch und das Blut der lebenden Rinder. Auch wird der Urin als Heilmittel und zum Waschen verwendet, der Dung als Baustoff, die Hufe als Schmuck, das Fell als Kleidung. Die Krals, *engang* genannt, sind funktional auf die Rinder abgestellt. Hinter einem Zaun bilden igluartige Häuser einen Kreis, in dessen Mitte am Tagesende das Vieh zur Nachtruhe zusammengetrieben wird.

Als der Schotte Joseph Thomson 1883/84 als erster Europäer das Massailand durchquerte, bestand er eine Mut- und Geduldsprobe, an der vor ihm schon einige gescheitert waren. In seinem Buch ›Through Massai Land‹ beschreibt er seine Expedition, die man zu den beeindruckendsten Reisen durch das Afrika des letzten Jahrhunderts zählen muß. Nach knapp fünftausend Kilometern Fußmarsch in vierzehn Monaten kehrte er an die Küste zurück. Es sollte nur wenige Jahre dauern, bis englische Eroberer und Siedler über die Massai hereinbrachen, sie umbrachten, verdrängten oder korrumpierten.

An den Magadi-See, zwei Autostunden von Nairobi entfernt, werden keine Herden zur Tränke geführt. Er ist reich an Soda-Salz (so auch die Bedeutung von *Magadi* auf Kisuaheli), reicher als jeder andere Ort der Welt. Die *Magadi Soda Company Ltd.* baut mit Unterstützung internationaler Investoren das ›Weiße Gold‹ für die Glas-

und Waschmittelindustrie Europas und Asiens ab. Und weil es niemanden in diese unwirtliche und heiße Gegend zieht, besteht die Arbeiterschaft vor allem aus Massai, die auf ihrem angestammten Land dem nachgehen dürfen, was sie am meisten verachten: Lohnarbeit.

Noch sind die Förderanlagen ein unwirklich flimmernder Umriß in der Ferne, da sperrt eine fleckige Schranke die Straße. »Purpose of visit?« Wir haben einen alten Mann aus seinem winzigen Wärterhäuschen gescheucht, dem die förmlichen Worte schwer über die Lippen kommen. »Just looking around«. Danach ein langes Schweigen, das zweierlei bedeuten kann: Die Englischkenntnisse des alten Mannes sind erschöpft, oder aber ihm fehlt das Verständnis für solches Interesse. Kopfschüttelnd trägt er in gemalten Buchstaben *Tourist* in sein schwarzes Buch ein und öffnet uns dann die knarrende Schranke.

Der See besteht aus rosafarbenen Verkrustungen, zwischen denen das hellblaue Wasser durchschimmert. Ein eigentümlicher Geruch besetzt die Luft, als wäre eine große öffentliche Toilette mit Unmengen billigen Parfüms besprengt worden. Die reflektierenden Sonnenstrahlen blenden uns derart, daß wir mit zusammengekniffenen Augen vorsichtig weiterfahren, über eine deichartige Anhebung mitten durch den See zum anderen Ufer, hinter dem die Konturen der Loita Hills aufragen. Zu beiden Seiten des Weges erstrecken sich Förderbänder, denen man kaum ansieht, daß sie sich auch bewegen können. Aus der Silhouette der Fabrik löst sich ein kleiner Punkt und nähert sich langsam.

Zwei Minuten später radelt ein Massai auf seinem Dienstfahrrad an uns vorbei, sein rotes Gewand im Fahrtwind gehißt. Wir mustern uns gegenseitig; die Hitze und sein Blick laden zu keinem Gespräch ein. Als wir beginnen, die stillstehenden Förderanlagen zu knipsen, taucht von nirgendwo ein Mann auf, der zu schimpfen beginnt: »No pictures, no pictures!« Wir schauen ihn verwundert an, und er besinnt sich seines wenig offiziellen Aussehens. Er klopft sich den weißen Staub von der schwarzen Uniform, rückt einen glänzenden Plastikhelm zurecht. Darunter erkennen wir den typischen Ohrschmuck der Massai, der an einem münzgroßen Loch im Ohrläppchen befestigt ist.

Wir entschuldigen uns wortreich und bitten nachträglich um Erlaubnis. Ein kurzes Nicken seinerseits entspannt die Situation. Der Mann erklärt uns bereitwillig, man warte auf ein Ersatzteil. Die Arbeiter seien in ihren Wohnungen, dort oben, und er deutet mit seinem Schlagstock auf die dreistöckigen Flachdachbauten oberhalb des Sees. Manche seien wohl in der Bar. Dann zuckt er die Schultern und lächelt uns an, mit mehr Löchern als Zähnen. Er bleibt zurück, ein Einsamer auf seinem Posten, den die Gegenwart abgestellt hat, um etwas zu bewachen, das für ihn keinen Wert hat.

Der Werkssiedlung sieht man an, daß sie nach unbelehrbaren Architektenplänen gebaut worden ist. Die wenigen Meter Straße sind asphaltiert und mit Gehweg ausgestattet, die Kreuzungen ordentlich ausgeschildert, wie im Verkehrsunterricht. Eine windlose Geisterstadt. Erst von nahem erkennen wir, daß die Häuserblocks bewohnt sind: Im ersten Treppenhaus laufen uns zwei Ziegen entgegen, und ihrem nachklingenden Trippeln folgt ein in seine rote Shuka gehüllter Massai einen dunklen Gang hinunter. Die Wände sind verrußt, und ein Blick auf die Balkone erklärt, wieso: Offene Feuer flackern auf dem Beton; die Massaifrauen bereiten das Essen in der althergebrachten Manier. In den Bodenritzen sprießt das Unkraut, und man spürt, daß die Massai, die Natur und die Zeit mit vereinten Kräften diesen Betonbau besiegen werden.

Weder die englischen Kolonialherren noch die nachfolgenden Regierungen der Anfang der sechziger Jahre unabhängig gewordenen Staaten Kenia und Tansania haben die Massai zur Seßhaftigkeit zwingen können. Sie haben sie immer wieder vertrieben, bis den Massai nicht einmal ein Drittel des Landes übrigblieb, das sie ursprünglich durchwandert hatten. Verloren haben sie das fruchtbare Land an Farmer und Bauern, denn die Landwirtschaft genießt höhere Prioriät. Verschiedenste Entwicklungshilfeprojekte postulierten das Ziel, die Nomaden seßhaft zu machen. Sie versandeten, wortwörtlich. Eigentlich bedürften die Massai keiner Einmischung von außen. Sie gehen vorbildlich mit dem trockenen und empfindlichen Boden um. Ihre Lebens- und Wirtschaftsweise ermöglicht eine Existenz unter ungünstigen Bedingungen. Sie schonen die Ressourcen und achten auf den Erhalt des Naturkreislaufes. Doch je mehr ihre Räume begrenzt werden, je mehr man ihnen die Nutzung von Wäldern, Hochebenen oder Oasen verwehrt, weil diese für den Anbau von exportträchtigen Pflanzen benötigt werden, desto mehr entwickeln sie sich zu einer ökologischen Bedrohung: Wenn das Areal der Freizügigkeit zu klein wird, grasen die Herden die schmale Vegetationsdecke unregenerierbar ab, Erosion setzt ein, das Land stirbt.

Auf dem Beton vor der Bar ist jegliche Absicht, sich draußen aufzuhalten, längst verdunstet. Drinnen quäkt Discomusik aus einer alten Jukebox. Eine Frau liegt auf der Theke und schläft. Der Anblick scheint die Massaimänner an den Steintischen nicht zu stören, die Wirtin ebensowenig. An der Schlummernden vorbei reicht mir eine adrett gekleidete Kellnerin ein warmes *White Cup*, ein einheimisches Bier, das auf seinem Etikett die Frische des Mount Kenia verspricht. Die Stimme von Madonna dreht sich vor den alkoholverhangenen Augen eines jungen Mannes im Kreis. In seinem Alter, während der sieben Jahre währenden Zeit als *moran*, wäre ihm traditionell jeglicher Alkoholkonsum verboten.

Es wird kaum gesprochen, erst recht nicht zwischen den Massaimännern und der ortsfremden Geschäftsinhaberin, die sich sehr zurückhaltend gibt. Sie hat ein Schild angebracht, das ihr aus dem Herzen spricht: »Warning: if you have nothing to do, please don't do it here.« Etwas zu tun gäbe es, wenn der hölzerne Rahmen noch das dazugehörige Dartsbrett umranden würde. Aber ein weißer Abdruck gähnt an der Stelle, wo es sich einst befunden hat, und ein letztes Stückchen Kreide erzählt von den besseren Zeiten dieses importierten Spiels, dessen Reiz sich den Massai, die ihre Speere zu Hause gelassen haben, kaum erschließt.

Die ortsfremde Unternehmerin kassiert wortkarg ab. Es verwundert, wie wenige Geschäfte und Kneipen sich in den Händen der Massai befinden. Vielleicht ist der Schritt vom stolzen Krieger zum Ladeninhaber nur sehr schwer zu bewerkstelligen. In dieser Hinsicht haben sie sich erst wenig angepaßt.

Die Behörden versuchen weiterhin mit verschiedenen Maßnahmen, den Massai das Beharren auf ihren Traditionen auszutreiben. So erregt zum Beispiel ihre Bekleidung Anstoß, weil sich unter dem locker umgeschlungenen Stoff oft Nacktes zeigt. In Tansania verbot man ihnen, sich derart gekleidet in Bussen oder Zügen blicken zu lassen. Die Massai trieben alte Hosen auf, mit denen sie ein noch un(an)gezogeneres Bild abgaben. Sie verwendeten sie nur, um ohne Beanstandung in den Bus ein- und wieder auszusteigen. Irgendwann schlief das Verbot ein ...

Bob der Massai ist unter diesem Spitznamen in dem Städtchen allseits bekannt. Allerdings taucht er hier selten auf. Meist treibt er sich irgendwo in Nairobi, Nakuru oder an der Küste herum, wo er Tätigkeiten nachgeht, die so geheimnisvoll sind, daß er wahrscheinlich auch seine Geschäftspartner im Unklaren darüber läßt. Vielleicht tut er auch nichts. Er ist unehelicher Sohn eines ehemaligen Ministers, einst der einzige Massai-Minister in Kenia. Doch jetzt hält sich Bob wieder in der Stadt auf, in einer der Bars an der Hauptstraße, läßt sich zum Bier einladen (so weit ich weiß, hat niemand je gesehen, daß Bob sich selbst einmal ein Bier gekauft hätte) und scherzt mit dem Barbesitzer herum, mit Kellnerinnen, Besuchern und Prostituierten. Auf der einen Wand der Bar rast ein gepinselter Bus auf die angetrunkenen Besucher zu, die Karosserie geschmückt mit prahlenden Schriftzügen. Gegenüber durchbohrt ein stark stilisierter junger Massai-Krieger einen fauchenden Löwen, der gerade zum Sprung angesetzt hat. Zwischen den beiden Wänden und vor den kleinen Tischen tanzen einige Freier mit ihrer Begleitung zum neuesten Schlager aus Zaire.

Bob freut sich, mich zu sehen, doch ich werde das Gefühl nicht los, daß er sich meinen Namen nur gemerkt hat, um im zweiten Atemzug nach Whiskey zu fragen. Er klopft mir auf den Rücken, wir begehen ein kompliziertes Ritual des Händedrückens und Händeschüttelns, und Bob beginnt auf die Frage hin, wie es ihm gehe, einen langen Monolog über das Unglück im Leben, insbesondere in seinem eigenen. Etwas später steht er plötzlich auf und begibt sich an einen anderen Tisch. Er bleibt stets nur kurz bei einer Runde, für einige Schlucke, sitzt am Stuhlrand, so als sei er auf dem Sprung, und obwohl er viele Stunden in der Bar verbringt, vermittelt er den Eindruck, er sei in Eile.

Bob hat ein sympathisches, offenes Gesicht; er ist beliebt. Einen Teil seines Stolzes und Hochmutes scheint er stückchenweise in den Bars liegengelassen zu haben. Er erzählt oft und gerne von den Traditionen der Massai, insbesondere von seinem Großvater, zu dem er ein enges Verhältnis hat – wie in vielen afrikanischen Gesellschaften pflegen Großeltern und Enkel eine intensive Beziehung zueinander. Doch er erzählt nie, daß er seiner Familie

Bei dem Brettspiel Bao gibt es oft mehr Zuschauer als Spieler – historische Aufnahme aus dem Jahr 1908

einen Besuch abgestattet habe, daß er in *ihr* Dorf zurückgekehrt sei.

Bob der Massai schlürft gerade aus einem Glas von einem der verwaisten Tische, als ein Pärchen vom Tanzen zurückkommt und sich herausstellt, daß es sich um ihren Tisch und auch um ihre halbvollen Gläser handelt. Der Mann, vor seiner Freundin in Zugzwang, beginnt Bob zu beschimpfen. Bob, zwei Köpfe kleiner, und auch sonst körperlich nicht konkurrenzfähig, richtet sich auf.

»Woher soll ich denn wissen, daß es dein Bier ist?«

Der Mann flucht und zetert.

»Kannst du denn beweisen, daß es dein Bier ist?«

Der Mann ist nahe dran, handgreiflich zu werden.

»Könnte ja jedermanns Bier sein!«

Der Mann schubst Bob gegen die Tischkante. Einige Bekannte versuchen, Bob in seinem Übermut zu bremsen und wegzuziehen. Doch er befreit sich und argumentiert weiter.

»Pff ... kommt der Typ einfach daher und behauptet, es sei sein Bier, einfach so, könnte jeder sagen, kann es nicht einmal beweisen ... was ist das denn für ein Typ ...«

Die Massai wandern auf dem schmalen Grad zwischen der Bewahrung ihrer Lebensweise und der Anpassung an eine veränderte Welt – das leere Gesicht von Bob spät in der Nacht war Ausdruck eines Absturzes. Die Prüfung, durch die der *moran*, der Krieger, Aufnahme in die Erwachsenenwelt erfährt, fand ihren Höhepunkt einst im Erlegen eines Löwen. Doch seit der Vertreibung der Massai aus den in den letzten Jahrzehnten errichteten Tierreservaten sind die Löwen nur noch von Touristenbussen umzingelt. Bei allem Mut, der den Massai angeboren und anerzogen ist, steht ihnen die größte Herausforderung noch bevor – nicht das Schicksal der Löwen zu erleiden. Es besteht wenig Hoffnung, daß sie ihre Lebensweise erhalten können. Wahrscheinlich werden sie nur als Relikt im Freiluftmuseum fortbestehen.

In den Ministerien und internationalen Organisationen scheint Einigkeit darüber zu herrschen, daß die Nomaden entnomadisiert werden sollen. Ihre Kultur wird als Krankheit oder bestensfalls als Anachronismus angesehen, der mit vereinten Kräften weltweit ausgerottet werden muß. Wieso? Vielleicht, weil die Mächtigen seßhaft sind und ein tiefes Mißtrauen gegenüber Nomaden hegen, so wie sie alles Unkontrollierbare und Unreglementierte fürchten? Vielleicht weil die Nomaden überwiegend in staatenlosen, egalitären Gesellschaften organisiert sind, deren funktionierende Ordnung dem alleinseligmachenden Anspruch des modernen Nationalstaates ein Dorn im Auge ist. Und vielleicht, weil die Lebensweise der Nomaden so wenig den Bedürfnissen der Geldwirtschaft genügt, sich so wenig für Investitionen und Profite eignet. Doch im Gegensatz zu Bürokraten und Theoretikern können sich die Nomaden keine Fehler und keine Spekulationen leisten, wollen sie überleben. Sie sind Nomaden, weil ihre Umwelt nur diese Lebensform zuläßt.

Beschneidung

Der Bezirk Mbale im westlichen Uganda ist eine der Gegenden Afrikas, die keinem Klischee entsprechen. Am Fuße des viertausenddreihundert Meter hohen Mount Elgon ist es diesig und kalt. Der Boden ist fruchtbar genug, um die Menschen zu ernähren, die in kleinen, verstreuten Dörfern leben. Sicherlich keine Idylle, aber nicht wenige Menschen der südlichen Hemisphäre würden wahrscheinlich gerne mit den Bewohnern von Mbale tauschen.

Die Wege, die von der Provinzhauptstadt Mbale in das Bergmassiv des Mount Elgon hinaufführen, sind schon nach wenigen Kilometern schwer passierbar. Je weiter wir hochfahren und den Gipfel durch den Nebel zu erahnen suchen, desto traditioneller leben die Menschen. Fahrräder werden seltener, Autos kommen uns kaum noch entgegen. Wann immer wir anhalten, sammelt sich eine Schar stummer Beobachter in extravaganter Kleidung: Skimützen und Baretten, farblosen Stoffkleidern und grellen Pullovern, Gummistiefeln und Sandalen, manche barfuß. Der Nebel gibt nicht nach. Die Bananenpflanzen wachsen dichter, die Stauden tragen schwer an ihrer Frucht. Wir halten an einem Bach. Etwas weiter aufwärts waschen Frauen und Kinder. Die sauberen Kleidungsstücke haben sie auf den Kuppeln eines Felsens ausgebreitet. Auf dem Hügel hinter ihnen stehen einige junge Männer, regungslos wie Skulpturen. Sie tragen rockartige Gewänder. Das sind die gerade Beschnittenen, erklärt unser Begleiter Peter Mayeku, ein Gebrauchtkleiderhänd-

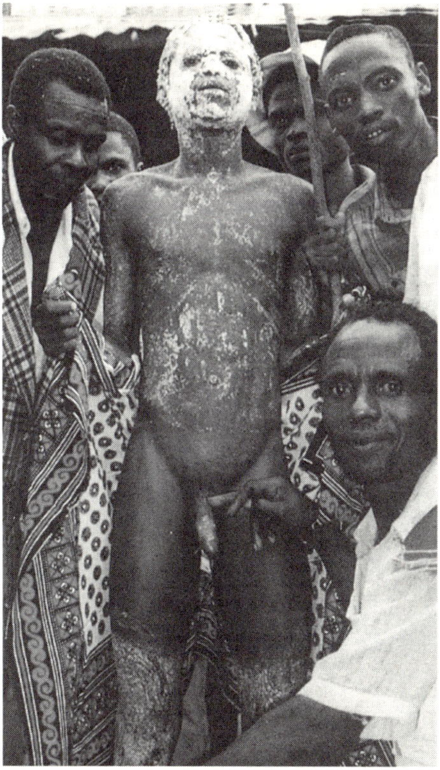

Scherze nicht mit imbalu, mein Bruder. Imbalu ist Qual!

ler, dessen Ware, in vielen Plastiktüten verstaut, wir mühsam im Auto untergebracht haben.

Hier, am Fuße des Berges, hat man die Tradition der Jungenbeschneidung beibehalten. Ein Initiationsritual, das den Abschied von der Kindheit und die Aufnahme in die Welt der Erwachsenen markiert; die »Röcke« symbolisieren diesen Übergang. Der Schmerz – »so schmerzhaft, daß man es nicht ausdrücken kann«, wie Peter sagt – soll auf das Leben vorbereiten, die Zeremonien, während derer die Jungen wochenlang im Mittelpunkt stehen, beschenkt und gefeiert werden, stärken ihr Selbstbewußtsein und vermitteln ihnen die Wertschätzung, die sie in der Gemeinschaft genießen. Den Ahnen wird mit der Beschneidung kundgetan, daß die Jungen bereit sind, Verantwortung zu übernehmen. Die Beschneidung verbindet Generation mit Generation, die Lebenden mit den Geistern. Die Initiierten eines Jahrgangs sind untereinander ihr Leben lang in Freundschaft und Verpflichtung verbunden.

> »Scherze nicht mit imbalu, mein Bruder! Imbalu ist nicht gut! Imbalu ist Qual! Auf dem Hof und im Haus. Wochen voller Schmerz! Du schmierst dir das Pulver des bittersten Heilkrauts der Welt auf die Wunde. Es brennt, als ob die Erde sich krümmt und aufbricht! Du sorgst willentlich dafür, daß es brennt! Denn Mannsein ist Schmerz! Willentlicher Schmerz! ... Sag mir, bist du immer noch darauf erpicht, dem Messer entgegenzutreten? Wenn du entschlossen bist, mach weiter. Wenn du aber den leisesten Zweifel hast, warte bis zum nächsten Mal.«

Der ugandische Autor Timothy Wangusa beschreibt in seinem Roman ›Der Berg am Rande des Himmels‹ ausführlich die Beschneidung. Er hat uns in Kampala auf die Nachbeschneidungsfeier an diesem Wochenende hingewiesen und Peter gebeten, uns in seine Heimat zu begleiten.

Alle geraden Jahre werden die 15–18jährigen *vom Messer gegessen*. Im August die Jungen aus den Dörfern und im Dezember die Schulgänger. Nur die Jungen werden beschnitten. (Später erklärt mir eine Lehrerin, daß es im nördlichen Uganda eine einzige Volksgruppe gebe, die auch die Klitorisbeschneidung praktiziere.)

»Er trat in das Zelt voller trockener Bananenblätter. Vollführte drei Luftsprünge. Eins! Zwei! Drei! Setzte seine Füße fest auf den Boden, die Hände in die Seite gestemmt. Zum Berg hin. Und dann trat Butoto wa Mutoto mit dem Messer ein – und mit dem Messer tausend gespenstische Stimmen:

Er hat dir geschnitten das oberste! …
Er fängt an dich tief zu schneiden! …
Er stutzt dich rundherum.
Überlaß es Ihm, Ihm, Ihm! …
Dort dort dortdortdortdort! …
Silililililililililililili! …
I!i!i!i!i!i!i!i!i!i!i!i!i!i!i!i! …

Die dreiminütige Ewigkeit war zu Ende! Die Ewigkeit der Messerklinge war zu Ende! Er trat hinaus … zu den Glückwünschen.

Mein Ebenbürtiger, sagte sein Großvater, ich wußte, du würdest es schaffen. Oh, du standest so fest. Kein Blinzeln, kein Muskelzucken. So stehen wir in unserem Klan. Von Anfang an. Wir stehen ganz still, während das Messer uns ißt. Ich sage dir, die Vögel erblickten deinen Mut und starben vor Schreck an diesem Morgen. Oh ja. Vögel sterben an diesem Morgen.«

»Nach der Beschneidung,« erklärt Peter, »müssen die Jungen, die Beschnittenen, ihre Wunde zuerst heilen lassen. Wenn sie verheilt ist, erfolgt eine Zeremonie, die nennen wir *Verbrennen der Matten*. Die Matten, auf denen die Beschnittenen geschlafen haben. Manchmal verbrennen die Beschnittenen auch, was sie zuvor getragen haben. Dann bereiten sie sich auf den *inemba* vor, den rituellen Abschluß der Beschneidung. Die Klans bestimmen den Ort der Zusammenkunft. Dort werden sich die Beschnittenen aus jedem Klan treffen. Während des Festes singen sie zusammen, um die Zeit zu verscheuchen, als sie nur Jungen waren; jetzt sind sie Männer. Deshalb stehen sie im Mittelpunkt, gebärden sich wie Männer. Traditionell kann der Beschnittene am heutigen Abend nach Sonnenuntergang das Mädchen, das er begehrt, zu sich ziehen. Damit zeigt er an, daß er sich mit ihr in die Büsche schlagen will. Es ist tabu, daß das Mädchen sich weigert. Das heißt nicht, daß die beiden für immer zusammenbleiben. Vielleicht trennen sie sich am nächsten Morgen.«

Ich frage Peter genauer nach den Festvorbereitungen.

»Einem bestimmten Clan fällt die Aufgabe zu, *inemba* zu organisieren. Das Fest wandert alle zwei Jahre von Dorf zu Dorf, hier oben in den Bergen. Zuerst benötigt man die Trommler. *Inemba* besteht aus vier Trommeln, die einen festgelegten Rhythmus spielen, zu dem die Leute tanzen. Während des Trommelns verschmelzen die Lieder mit dem Rhythmus. Lieder, die sich über die Beschnittenen lustig machen: *Kommt uns nicht nahe, wir können euch riechen, und gleich müssen wir uns übergeben.* Ein sehr schönes Lied.«

Peter beginnt zu singen, *omosinde* ... etwas kratzig, aber melodiös. Er kann singen, wie Gebrauchtkleiderhändler nur in Afrika singen können. Ein schmächtiger Mann, der in meiner Achtung wächst. In der Stadt war er mir mit seinem beigen Kolonialanzug und gestutzten Schnurrbart als provinzieller Krämer vorgekommen, der sich mit dem Verkauf alter Kleidung mühsam durchs Leben schlägt. Fast unmerklich wechselt er wieder ins Englische.

»Die meisten Lieder spotten. Die Beschnittenen bleiben beieinander, sie sind sehr stolz. Gemeinsam wächst der Stolz. Manche sind mit Ocker bemalt, andere mit leuchtenden Farben. Sie tanzen, die Frauen schließen sich ihnen an, es gibt ein großes Trinken, alle möglichen Festlichkeiten. So endet das Beschneidungsritual. Die Älteren unter den Beschnittenen können nun heiraten.«

Wir sind gespannt, wie sich die Realität zu Peters Beschreibungen verhalten wird. Inzwischen haben wir sein Dorf erreicht. Die Bewohner scharen sich um das Auto und begrüßen uns herzlich. Peter erweist sich als *die* Respektsperson schlechthin, ein erfolgreicher Mann. Er bekleidet den wichtigsten politischen Posten. Und er ist so wohlhabend, daß er sich zwei Frauen leisten kann. Die zweite hat er gerade geheiratet, er ist dabei, neben seinem Haus anzubauen. Stolz zeigt er auf den mit Bananenblättern bedeckten Grund.

Peters Dorf liegt am Fuße eines Gipfels, der wie eine Warze auf der Nase eines schlafenden Riesen aussieht. Das Nachbardorf, Geburtsort von Timothy Wangusa, hat einige hundert Einwohner mehr und somit auch ein Triumvirat örtlicher Würdenträger, die darauf bestehen, uns herumzuführen. Der Bürgermeister geht strammen Schrittes voran, seine zwei Assistenten hinterher. Die Häuser sind eher Gehöfte, weit auseinanderliegend und von großen Gärten umgeben, in denen Bananen, Mais und verschiedene Gemüsearten den Grundstock an Nahrung garantieren. Früher pflanzten die Dorfbewohner Kaffee und Sisal an, aber seitdem die Weltmarktpreise gefallen sind und ihnen die Ernte, wenn überhaupt, nur noch zu niedrigen Preisen abgenommen wird, haben sie umgestellt. Die Entwicklung geht zurück zur Subsistenzwirtschaft, zur Autarkie. Es gibt keine Kioske und keine Kneipen. Was unbedingt eingekauft werden muß, holen sie sich in der nächstgelegenen Stadt. Sonst kommen sie fast ohne Geld aus. Sie tauschen untereinander, was sie anpflanzen. Jeder im Dorf besitzt etwas Land. Nach der Heirat erhält man es von den Eltern geschenkt.

Wir erreichen eine kleine Lehmkirche, etwa zehn Meter lang, mit einem Wellblechdach. Ein karges Bauwerk. Wer beim Gottesdienst sitzen will, bringt seinen eigenen Stuhl mit. Drei weiße Kreuze sind an die Wand gemalt. Ein klappriger Holztisch dient als Altar. Über dem linken Kreuz hängt eine verwelkte Blume. Alle im Dorf seien Christen, meint der Bürgermeister. Jeden Sonntag gebe es Gottesdienst, heute allerdings nicht. Denn der Pfarrer wolle auch dem *inemba* beiwohnen. Er sagt das mit einer Selbstverständlichkeit, als hätten die christlichen Pfarrer, meist Missionare, solche »primitiven« Traditionen schon immer begrüßt. Genau das Gegenteil ist der Fall: Lange Jahre haben sie alles verboten, was ihnen anrüchig erschien und was sie mit der reinen Lehre nicht in Verbindung bringen konnten. Selbst die traditionelle Kleidung war in den christlichen Importkirchen verboten. Die stoische Geduld Afrikas hat im Endeffekt gesiegt: Die Missionare und ihre einheimischen Zöglinge tolerieren sehr viel mehr Althergebrachtes, seitdem »Afrikanische Kirchen« drohen, mit selbsternannten Propheten, schwarzen Heiligenbildern und einer phantasiebegabten Mischung ursprünglicher Weltvorstellungen mit testamentarischen Bruchstücken populärer als die institutionalisierten Kirchen zu werden.

Das Fest findet auf einer abschüssigen Wiese statt. Der Anstieg dahinter bildet eine natürliche Tribüne. Wir werden von dem örtlichen Vorsitzenden des Resistance-Councils (kurz RC) empfangen. Seit Yoweri Musevenis Machtübernahme Anfang 1986 wird in Uganda der institutionalisierte Widerstand praktiziert. Auf allen Ebenen werden Räte formiert, die den Neuaufbau des völlig zerstörten Landes in eigene Hände nehmen sollen. Jeder

Erwachsene ist aufgefordert, sich im Widerstandsrat seines Dorfes zu engagieren. In diesem Rat werden neun Mitglieder in ein höheres Komitee gewählt, den RC1. Die RC1-Räte eines Bezirks kommen zusammen und wählen einen weiteren Rat, den RC2. Und so weiter bis zum RC5. Darüber steht nur noch der Nationale Widerstandsrat (NRC) sowie das Parlament. Wir werden einer Reihe weiterer RC-Funktionäre vorgestellt. Sie überlassen uns ihre Stühle (alle anderen sitzen auf dem Boden) und bestehen darauf, daß wir Platz nehmen. Sie bieten uns *malwa* an, ein Hirsegebräu, das aus großen Töpfen gesaugt wird und lachen über unsere Versuche, die Taktlosigkeit unserer Geschmacksnerven zu verbergen.

In der Mitte der Wiese werden zwei riesige Trommeln geschlagen. Der Takt sucht nach tanzenden Begleitern, doch die Menschen warten noch ab. »Bald gehts los,« verspricht der RC-Vorsitzende. »Es werden viele Leute kommen.« Die Aufmerksamkeit und die Zeit plätschern dahin. An einem Feuer werden Ersatztrommeln gewärmt. Das soll ihren Klang verbessern; sie kommen zum Einsatz, wenn die Stimmen der zwei anderen Trommeln ermüden.

Aus der Höhe des dichtbewachsenen Hügels plötzlich ein Schrei, der wie eine Lawine hinabrollt: die erste Gruppe von Beschnittenen. Ungefähr zwanzig junge Männer hüpfen einen Pfad herab, mit gelben Schürzen, grünen Astkränzen und drei Meter langen, bemalten Stöcken, die herumgewirbelt werden. Nahe der Wiese werden ihre Schritte schneller, ihre Schreie lauter. Die Trommeln atmen schwerer, die Schreienden stürzen sich in die Arena, überschwenglich, wuchtig.

Jetzt hat es richtig begonnen. Junge und Alte gesellen sich zu den Initiierten, die tanzend die Trommel umkreisen. Der Tanz besteht aus der langsamen Gewichtsverlagerung von einem Bein auf das andere, mit betontem Hüftschwung. Das unbelastete Bein wird hochgehoben und einen kleinen Schritt nach vorne gesetzt. Viele der Anwesenden betrachten die Vorgänge teilnahmslos. Manche von ihnen, vor allem die Kinder, interessieren sich mehr für unsere Kamera- und Tonbandausrüstung als für die Festlichkeiten. Sie beäugen uns. Ich wünsche mir, sie alle würden ekstatisch weiterfeiern und mich einfach vergessen. Der RC-Vorsitzende kann wohl Gedanken lesen: Ein alter Mann mit weißer Mütze und blauen Jeans tanzt unmittelbar vor uns, in seiner Hand eine Coca-Cola-Flasche mit Bananenbier. Etwas an ihm stört wohl das Bild, das sich mir bieten soll. Der RC-Mann versucht ihn wegzuschubsen. Mein lautes Protestieren läßt ihn etwas hilflos werden, dann aggressiv. Was will dieser Weiße eigentlich? Da müht man sich ab, ihm reine Tradition zu präsentieren, und er ist unzufrieden ...

Immer wieder kommen Gruppen mit Beschnittenen den Hügel herab, laut und selbstbewußt. Die Zuschauer springen wohlweislich aus dem Weg, ein gewisser Abstand ist geboten. Eine alte Frau wird umgerissen. Ein Mann schleift sie ziemlich grob an den Schultern aus dem Weg und läßt sie am Rande der Tanzfläche liegen. Erst als sich die Neuankömmlinge unter die Tanzenden gemischt haben und von ihnen keine Gefahr mehr droht, kümmert sich jemand um sie.

Die Tanzenden sind zu einem Getümmel verschmolzen, aus dem nur die farbigen Stöcke ragen. Diese stecken zwischen den Trommeln, dort, wo sie nicht zerbrechen können. Das würde Unheil bringen. Jeder Stock hat eine eigene Musterung, die es dem Beschnittenen ermöglicht, ihn am Ende des Tages wiederzufinden.

Eine alte Frau betrachtet mich seit längerem. Ihr Gesicht und ihr Kleid heben sich von der Umgebung ab. *Mulembe*, grüßt sie provozierend. *Mulembe*, antworte ich. Sie blinzelt zufrieden und legt in einem Gemisch aus Kisuaheli und anderen Sprachen, die ich nicht beherrsche, los. Die Männer lächeln, als wüßten sie genau, was jetzt folgt.

»Ich bin die Mutter aller weißen Kinder.« Das sagt sie auf englisch. Mutter aller weißen Kinder? Da das auch mich betrifft, frage ich nach und erfahre, daß die Frau in Nairobi gearbeitet hat, noch während der Kolonialzeit. Sie war dort bei so vielen europäischen Familien als *Ayah* (Kindermädchen) angestellt, daß ihre Freundinnen ihr diesen Titel verliehen haben, das einzige, was sie noch auf Englisch zu sagen weiß: Mutter aller weißen Kinder. Sie lacht mich verschwörerisch an, als teilten wir beide nun ein Geheimnis.

Allmählich spiegelt sich auf den Gesichtern der Beschnittenen Trance wieder. Sie wirken abwesend, so als hätten sie sich in das Innere des Rituals hineingetanzt. Die Zuschauer haben sich eigenen Freuden zugewandt, sie trinken, scherzen, spazieren herum auf der Suche nach Bekannten. Bei Sonnenuntergang sind alle erschöpft. Der Eisverkäufer hat sein Geschäft gemacht; jetzt sitzt er sinnierend auf seiner leeren Kühlbox. Und neben ihm lehnt einer der Beschnittenen seinen schweren Kopf an die Truhe. Die gelbe Schürze ist zur Seite gerutscht, darunter wird ein Adidas-T-Shirt sichtbar. Das hat er als Junge getragen, das trägt er auch als Mann.

Bier und Freundschaft

Nicht weit entfernt, beim Volk der Iteso, haben sich die Bauern zu einem anderen Fest versammelt, das, wie jedes soziale Ereignis bei ihnen, vom Hirsebiertrinken bestimmt wird. Die verschiedenen Anläße, Bier zu trinken, tragen jeweils eigene Namen. An diesem Abend wird das *Bier der Arbeit* geteilt. Damit bedankt sich eine Frau oder ein Mann bei den Freunden, die ihr oder ihm bei der Feldarbeit oder beim Errichten eines Hauses geholfen haben. Die Sitzordnung ist streng festgelegt, weil sie das Gefüge zwischenmenschlicher Beziehungen in diesem Dorf nicht nur abbildet, sondern auch formt. Der äußere Kreis wird von sitzenden Männern gebildet, der innere von knienden Frauen. Mit dem Biergenuß wird nicht nur die Freundschaft aufrechterhalten – Konflikte in der Gemeinschaft, Spannungen und Brüche, erhalten über seine bis in die Kleinigkeiten hinein ritualisierten Formen einen Ausdruck. So ist es von großer Bedeutung, wann und wen ein Mensch einlädt, wo er erscheint und wie er sich dort benimmt. Das Grundprinzip ist jedoch ganz einfach: Mit wem ich das Bier nicht teile, mit dem bin ich nicht befreundet.

Im Biertrinken der Iteso zeigt sich ein Ideal freundschaftlichen Umgangs miteinander, das in vielen schwarzafrikanischen Gesellschaften gilt: eine Mischung aus nicht genau definierter Solidarität und unbeschwerter Geselligkeit. Beides wird von den Mitmenschen nachdrücklich eingefordert. Wer eine der beiden Forderungen enttäuscht, wird schwerlich viele Freunde finden. Wer sich der Großzügigkeit der anderen entzieht, weil er sich angesichts des strikten reziproken Systems von Geben und Nehmen keine Verpflichtungen aufbürden will, wird als stolzer, als arroganter und sogar gieriger Mensch angesehen, der eine sehr schlechte Eigenschaft hat: Er genügt sich selbst! Umgänglichkeit ist eine der höchsten Tugenden. Denn sie ist Ausdruck einer Lebenshaltung, der Mensch ist sich seiner Segnungen bewußt. Solche Menschen reden mit den anderen, sie kommen mit ihnen aus, nicht zuletzt beim Trinken.

Das Gemeinschaftliche steht so sehr im Mittelpunkt traditionellen afrikanischen Lebens, daß auch Freundschaft daran gemessen wird, darauf basiert. Die Harmonie der Lebenden mit den Toten sowie die Harmonie der Menschen untereinander hat höchsten Stellenwert. Individuelles Handeln führt zu Antagonismen unter Einzelnen, zu Haß. »Haß bringt keinen Ertrag; das Fleisch wird gegessen, nachdem es einen Tag auf dem Feuer verbracht hat«, sagt ein Sprichwort. Und ein anderes ergänzt: »Freundschaft ist nur halbvoll, wenn sie nicht von einem gemeinsamen Essen gesättigt wird.«

Einen dominanten Einfluß haben in vielen Gesellschaften die Altersklassen. Menschen aus einer Generation durchwandern gemeinsam den aus verschiedenen Altersklassen bestehenden Zyklus des Lebens. Sie erleben die *rites de passage* von der Kindheit zur Jugend und von der Jugend zum Erwachsensein. Die Altersklasse umfaßt eine Spielgemeinschaft, eine gemeinsame Reise durch die Initiation, bei der man miteinander tanzt, sich gegenseitig die Haare flicht und sich viel berührt. Unter den Altersgleichen (*age-mates*) entstehen *ties of dependence*, die man nicht aufkündigen kann. Die Altersklassen sind nicht nur entscheidende gesellschaftliche Markierungen, sie dienen auch der zeitlichen Orientierung – ein Ereignis wird terminiert, indem man benennt, welche Generation damals die Initiierten stellte. So deckt sich bei Altersgleichen die Bestimmung ihres Lebensweges.

Wie im späteren Leben die Banden dieser Freundschaft enger geknüpft werden, zeigt sich am Beispiel der Massai: Als Erwachsene sind die Männer für eine eigene Familie und somit für eine eigene Herde verantwortlich. Aus Gründen der Sicherheit überlassen sie einige ihrer Rinder den Freunden. Bewußt begibt man sich in gegenseitige Abhängigkeiten, die zum einen die Solidarität zementieren und zum anderen gegen Katastrophen jeglicher Art (Dürre, Rinderpest, Krieg) rückversichern sollen.

All das erklärt auch, wieso es die für Europäer so selbstverständlichen Pärchenfreundschaften selbst in den afrikanischen Metropolen nicht gibt. Ob Schweizer, Norweger oder Italiener, wer für einige Zeit nach Afrika zieht, wird bald feststellen, daß es fast unmöglich ist, Herrn und Frau Koinange zum Abendessen einzuladen. Aufgeschlossene Fremde können höchstens die jeweiligen Geschlechtsgenossen in eigenen gesellschaftlichen Räumen treffen und mit ihnen freundschaftlich verkehren. So war es für mich in den vielen Jahren Aufenthalt in Afrika als Mann unmöglich, einen Einblick in die Frauenwelten zu erhalten.

Das Bett auf dem Dach

Transport ist in Afrika eine Angelegenheit, die geduldig und erfinderisch gemeistert wird. Fahrpläne existieren nicht; wer sich auf eine Reise begibt, weiß, was ihn erwartet. Wenn ein Boot am frühen Morgen losfahren soll, dann wissen alle, daß sie vor der Sonne aufstehen müssen. Im Dunkeln strömen sie von allen Richtungen zum Pier und rufen sich Morgengrüße zu. Der Gehilfe des Bootsführers, für die Abfahrt zuständig, schreit hinaus: Kommen da noch welche? und in der letzten Dunkelheit der Nacht hüpft die Frage weiter bis zu den Nachzüglern, die einen Schritt zulegen und ihrer Absicht mitzufahren Gehör verschaffen. Das Boot legt ab, einen Meter nur, der Gehilfe kündigt die Abfahrt an, und aus dem Schatten springen die letzten Passagiere herbei. Solange vom Land her noch Schreie zu hören sind, wird das Seil vom Kai nicht gelöst …

Wenn der Bus an einer Raststelle anhält, leert er sich so schnell wie überall auf der Welt. Nach einiger Zeit finden sich alle wieder ein – ohne daß ein Zeitpunkt angegeben worden wäre oder der Fahrer zum Aufbruch gerufen hätte. Manchmal wird ein Passagier, der sich ein zweites Bier nicht versagen konnte, vergessen. Der Bus biegt auf die Fernstraße ein, da rufen die hinteren Reihen nach vorne. Alle drehen sich um und gucken durch die Rückscheibe – der Vergessene sprintet hinter dem Bus her. Der Fahrer bremst nur langsam ab, der Nachzügler zieht beim Laufen Arme und Beine übertrieben weit nach vorne und nach hinten, um sich vor dem Publikum zu profilieren. Der Bus hält, der Mann trabt gemächlich zur Tür und steigt ein, begrüßt von den geistreichen Kommentaren der vierzig Mitreisenden. Er lacht, der Fahrer lacht, die Passagiere lachen, der Bus fährt wieder an, beschwingt von überbordender Heiterkeit.

Der öffentliche Transport funktioniert aufgrund von Ahnungen, wechselnden Prioritäten und Zufällen – aber er funktioniert. Getreu dem Motto, daß sein kann, was sein muß. Die Menschen sind sehr mobil. Kaum ein Stadtbewohner, der nicht einmal im Monat seinem Heimatdorf einen Besuch abstattet, kaum ein Händler, der nicht hierhin und dorthin zum Einkaufen fährt, hier und dort ein Schnäppchen macht und dann wieder nach Hause strebt. Kaum ein Bauer, der nicht seine Ernte zu den Märkten transportieren oder in der Stadt Saatgut besorgen muß.
Die Mobilität ist größer als das Transportangebot. Aber das wird nicht hingenommen. Und siehe da, der zusätzliche Platz findet sich. Oft kann man nur staunen, was alles in einen Bus, einen Zug, ein Auto oder gar auf ein Motorrad paßt ..., der Bauer auf seinem kleinen Motorrad tuckert mit seiner seltsamen Fracht einen Anstieg hinauf. Wir überholen ihn, halten, winken ihm zu, er hält auch. Tatsächlich! Der Mann transportiert Hühner, mehr als wir zählen können. Hundertundfünfzig sind es, erzählt er, etwas belustigt von unserem fassungslosen Interesse. Hundertundfünfzig lebende Hühner! Er sei auf dem Weg zum Markt, um das Federvieh von seiner und von den benachbarten Farmen zu verkaufen. In seinem Dorf gebe es nur das eine Motorrad, also habe er die Hühner zusammengeschnürt, zu zwei großen Trauben gefaßt und an seinem Motorrad befestigt. Er sei guter Dinge, noch am selben Abend ohne die gefiederte Last auf seine Farm zurückkehren zu können. Nach diesen Erklärungen steigt er wieder

auf sein Motorrad und fährt davon. Von weitem sehen die Hühner wie riesige Satteltaschen aus.

Schon der Weg vom eigenen Haus zur Bushaltestelle erfordert manchmal einen »Spediteur«. Was von den vielen Verwandten und Nachbarn nicht auf dem Kopf und mit den Händen geschleppt werden kann, muß auf große Schubkarren geladen werden. *Mkokoteni* werden diese auf Kisuaheli genannt, und ihre Eigentümer bilden die unterste Stufe des Transportgewerbes. Während die Autos an ihnen vorbeirasen, ziehen diese Männer am Straßenrand ihre Karren, die Adern quellen hervor, die Füße schleifen durch den staubigen oder matschigen Untergrund. Und wenn einer der Laster oder großen Busse überholt, umhüllt eine schwarze Wolke den Ziehenden und seine Fracht, aus der er hustend und fluchend herauskommt. Oft haben diese Männer einen wilden Blick und ein verwahrlostes Aussehen, und fast immer ziehen sie Lasten, für die ihre ausgemergelten Körper nicht vorgesehen sind. Aber sie erreichen schließlich die Bushaltestelle, und für den Reisenden beginnt die zweite Etappe.

Busbahnhöfe sind das soziale Herz vieler Orte. Eine Reihe von Buden, Geschäften und Kneipen umranden einen weiten Platz, von dem aus man nicht nur verreist: Für Händler, Schausteller, Gauner und Hochstapler ist es der Arbeitsplatz, für Halbstarke und Säufer das Vergnügungsviertel.

An einem Morgen, an dem die Sonne sich bedeckt hält, warten wir auf den richtigen Bus. Die Menschen sind noch Schatten, das Leben sammelt sich allmählich. Mehrere

Busse haben ihre Türen geöffnet und warten darauf, voll zu werden. Erst dann werden sie abfahren, so lautet der Fahrplan. Ein jugendlicher Schaffner reibt sich den Schlaf aus den Augen und setzt seine Mütze wieder auf, das einzige, das entfernt an eine Uniform erinnert. Mit Fistelstimme ruft er den Zielort seines Busses aus, schubst unsichere oder verwirrte Fahrgäste in den Bus hinein und ihr Gepäck auf das Dach, wo ein Kollege es verstaut und mit Seilen zusammenbindet. Im Hintergrund hält sich ein Kumpel auf, mit dem er herumblödelt, wenn es mal nichts zu tun gibt. Dieser schleicht sich nun heran und startet einen Überraschungsangriff. Übermütig schlägt er mit allen Gliedern auf den Freund ein, der sich mit einem Lächeln und einer Mischung aus Karate und Schattenboxen verteidigt. Plötzlich verschwindet das Lächeln: Der Kopf des Nichtsnutzes wird in Würgegriff genommen. Der Schaffner dreht mit ihm eine Runde um den Bus, so als führe er einen Kürbis spazieren. Der Kürbis reißt die Augen auf und brüllt, schreit, flucht, zieht Grimassen und beteuert seine Unschuld, seine Reue, seine zukünftig friedlichen Absichten. Die Beine stolpern hinterher. Der Schaffner läßt den Kürbis zu Boden plumpsen und widmet sich wieder dem Geschäft. Die schon eingestiegenen Passagiere schauen belustigt durch die verstaubten Fenster. Der Provokateur wartet in seiner Ecke, leckt seine Wunden und sehnt den Augenblick der Rache herbei.

Der Schaffner hat einige schwergewichtige Mütter und ihr Gepäck zu ordnen: große Kartoffelsäcke, deren Nähten man besonders gut zureden muß, damit sie halten, und vollgepackte Plastiktaschen. Die Frauen versuchen, das Buspersonal hin und her zu dirigieren. Die Taschen dort, und fest zubinden, und nicht drücken, nein, das nicht, das können wir mit hineinnehmen. Und wo sollen dann die anderen Passagiere hin? Säcke kommen nach oben! Geschafft. Der Schaffner blickt sich gerade nach neuen Aufgaben um, als jemand von hinten einen Ringergriff ansetzt. Ein kurzes Gemenge, und der Nichtsnutz ist wieder besiegt. Doch diesmal ist der Schaffner empört. Er beschließt härtere pädagogische Maßnahmen. Seine Lippen haben sich über einem Satz zusammengekniffen: Das machst du mir nicht noch einmal!

Das Radio im Bus spielt einen trampelnden Hit. Die Morgenmüdigkeit ist vertrieben, die Gerüche sind gereift, Kinder laufen umher und bieten Kaugummi, Bananen, Zigaretten, Eis, Erdnüsse zum Verkauf. Der Platz ist voller Reisender, mit ihren Kindern und ihrem Federvieh. Einer zieht eine bockige Ziege hinter sich her, und zwei verschwitzte Männer schleppen ein Bett herbei, das noch auf das Dach muß.

Der Provokateur scheint verletzt zu sein. Er zieht das eine Bein nach! Sein Züchtiger empfindet nun Mitleid und Fürsorge und stützt den angeschlagenen Freund. Gemeinsam humpeln sie zur Bar, in der sich schon einige Männer mit Bier stärken. Die Flasche an den Lippen beobachten sie das Schauspiel. Sie lachen und machen spöttische Bemerkungen. Ein jeder gibt seinen Kommentar, während der Nichtsnutz sich krümmt und jault. Es ist ein erfolgreiches Buhlen um die Aufmerksamkeit aller. Die ganze Bar sieht hinaus: auf zwei Freunde, die sich Schmerz und Sorge teilen und in der Not zueinander stehen. Eine ergreifende Szene.

Doch dann, am breiten Eingang der Bar, macht der Verletzte dem Theater ein Ende, tritt seinen Helfer in den Hintern und sprintet mit Siegesgrinsen davon. Der Schaffner verfolgt ihn, ehrenhalber, schickt ihm eine Tirade hinterher und widmet sich unter dem herzhaften Lachen der Biertrinker wieder seinen Passagieren. Da kommen ihm die zwei mit dem Bett gerade recht. Er hält ihnen eine ausgiebige Standpauke über die Unvereinbarkeit von Bett und Bus, über ihre verspätete Ankunft und mangelnde Voraussicht. Über ihre Dummheit! Dann hieven sie zu viert das Bett nach oben und schnüren es fest. Beim Hinabsteigen unterhalten sie sich schon freundschaftlich. Der Fahrer hupt zum Aufbruch – die Bettbeine formen ein Siegeszeichen vor dem sonnigen Himmel.

Der Himmel über Kapiri Mposhi, einem Verkehrsknotenpunkt im Norden Sambias, hat sich mit der Sonne verkracht. Der Ort wirkt wie die Kulisse für einen Western, in der sich nur noch unlustige Statisten aufhalten. Die staubige Hauptstraße ist so breit wie ein Flugfeld, die großen Laster fahren einfach rechts ran, die Fahrer löschen ihren Durst in einer der vielen Bars.

Kapiri Mposhi hat eine Durchgangsstraße und einen Bahnhof, die Endstation der berühmten TAZARA (oder TANZAM – Tanzanian-Zambian-Railways), die in Dar-es-Salaam an der Küste Tansanias beginnt. Von den Chinesen geplant, durch großzügige Kredite finanziert und mit 15 000 Bauarbeitern unterstützt, genießt dieses Mammutwerk international einen schlechten Ruf. Kaum eine andere Eisenbahnlinie wurde so oft totgesagt. Und doch fährt die TAZARA seit ihrer Eröffnung im Oktober 1975 Tausende von Kilometer durch spärlich bewohntes Gebiet und bildet die einzige ernsthafte Verbindung zwischen den beiden Ländern.

Nach Süden reisende Passagiere müssen in Kapiri Mposhi auf einen Zug umsteigen, der zwischen Sambias Hauptstadt Lusaka im Süden und den Kupferminen im

Die wenigen Bahnlinien verbinden nur die Hauptorte des Landes miteinander. Doch ohne diese Strecken wäre die Kolonialisierung nicht möglich gewesen

Norden verkehrt. Der Bahnhof besteht aus einem Gebäude vor dem Bahndamm. Die Wartenden nisten sich am Bahndamm ein, in Decken gehüllt, von Lagerfeuern erwärmt. Entlang des gesamten Bahndamms lodern Flammen. Frauen halten zwischen Körper und Decke ihre Kinder warm, ihre Oberkörper nach vorne gekrümmt. Das Gepäck wölbt Plastiktüten aus. Transistorradios, neben den Plastiktüten das am weitesten verbreitete westliche Kulturgut, rauschen und stimmen den Zeitvertreib an.

Niemand weiß genau, wann der Zug ankommen soll – es wird irgendwann in dieser Nacht sein. Die Atmosphäre des Wartens verflüchtigt sich nach Mitternacht. So als stünde nun der Zug außerhalb der Zeit. Die Wartenden legen sich hin, kauern sich zusammen. Die Bar im Bahnhaus schließt. Die Trinker gönnen sich eine letzte Flasche und hocken sich vor der Außenwand nieder.

Noch bevor die insektenbehängten Lichter des Zuges zu sehen sind, explodiert die Schläfrigkeit zu börsenartiger Hektik. Die Leute hören wohl die Lok. Feuer austreten, Kinder auf die Schulter, Decke in die Plastiktüte, Transistorradio in die Hosentasche, Bierflasche wegwerfen, Körbe unter den Arm klemmen, und nichts wie den Abhang hinauf: Die Ausgangsposition ist entscheidend. Der Zug fährt Minuten später durch ein Spalier übermüdeter Reisender. Er hält an, und der letzte Rest an Müdigkeit wird im Kampf um den Einstieg erdrückt. Die Stärkeren ergreifen die Eisenstange neben der Tür und ziehen sich an den Zug heran, gleichzeitig die Konkurrenten zur Seite schiebend. Dann lassen sie ihre Reisebegleiter unter den Armen hindurchschlüpfen, die Hinteren drücken die Vorderen hinein, das Gepäck wird nachgereicht, wandert über die Köpfe, wird geschwungen und geworfen, während Schreie widersprüchliche Anweisungen geben. Ich spüre die Nähe, rieche den Schweiß, fühle Haut, Stoff, Speichel. Für Ekel ist kein Platz, auch nicht für Nachgiebigkeit. Wer nicht mitschiebt, bleibt draußen.

Die Abteile und Gänge sind schon voll. Die Zusteigenden füllen den Vorraum hinter der Tür: Auf drei Quadratmetern kommen zwanzig Menschen unter. In der einen Ecke schlummern Arbeiter aus den Kupferminen, halb liegend, halb sitzend auf Säcken und Körben. Frauen haben sich so hingehockt, daß die Kleinen auf ihren Knien schlafen können. Ein junger Mann steht wie ein Storch auf einem Bein, das andere stützt sich an der Wand ab. Bei der nächsten Station, eine halbe Stunde später, wollen Leute zusteigen. Drei Frauen schaffen es, dann drückt ein großgewachsener Mann, der einen Platz hinter der Tür gefunden hat, diese zu.

Draußen bleibt ein Jugendlicher, auf der Treppe – er versucht, die Tür aufzudrücken. Nein, kein Platz mehr, nichts geht mehr, unmmöglich, wird ihm bedeutet. Der Jugendliche beharrt darauf hereinzukommen. Er stemmt sich gegen die Tür, pocht darauf. Der Mann von drinnen hat mehr Kraft; die Tür weicht kein Stück. Der Zug fährt an, der Junge preßt sein Gesicht gegen die Scheibe und fordert Einlaß. Die Worte hört niemand, will niemand hören. Nein, es reicht. Die, die drinnen sind, haben das beschlossen. Fünfundzwanzig Menschen auf drei Quadratmetern, das reicht, irgendwo muß eine Grenze sein. Wir können niemanden mehr aufnehmen. Aber der Jugendliche hat keine Alternative, er kann sein Glück nicht bei einem anderen Waggon probieren – der Zug hat Fahrt aufgenommen. Der Wind rauscht an seinem irritierten und zunehmend verschreckten Gesicht vorbei. Die Zusammengepferchten im Inneren haben ihn abgeschrieben. Sie haben sich geeinigt, daß er draußen bleiben soll. Ein jeder versucht, einzudösen.

Minuten später versucht der Jugendliche, den großgewachsenen Mann zu überraschen. Unvermittelt drückt er mit beiden Beinen gegen die Tür, die auffliegt und einer Frau in den Rücken knallt. Der Mann reagiert schnell, wirft sich dagegen, der Jugendliche hängt weiterhin draußen, bei voller Fahrt. Er verlagert sein Gewicht, auf der Suche nach einer besseren Stellung. Nach einiger Zeit vernachlässigt der großgewachsene Mann seine Aufgabe, die Augen fallen ihm zu. Der Jugendliche wirft sich ein letztes Mal mit aller Kraft gegen die Tür, sie springt auf, und er windet sich rasch hinein, zwischen die Frauen und den großgewachsenen Mann. Die beiden blicken sich kurz und stumm an. Es ist vorbei, der von draußen hatte die größere Ausdauer.

Frauen und Kinder

1985 fand in Nairobi eine internationale Frauenkonferenz statt, zu der Tausende von Delegierten aus der ganzen Welt anreisten. Im großen Saal des modernen Kenyatta Conference Centre wurden unzählige Vorträge gehalten, besonders von Frauen aus den Ländern mit hohem Bruttosozialprodukt. Im Verlauf der Konferenz stieg die Irritation der afrikanischen Frauen im Saal. Die Vorträge erweckten in ihnen den Eindruck, die Amerikanerinnen und Europäerinnen wollten ihnen vorschreiben, wie sie ihre Lage verbessern könnten, wie sie sich zu befreien hätten. Die Rhetorik der Patentlösungen störte sie. Die Afrikanerinnen sagten: Wir brauchen keine Fremden, die uns hineinreden; unsere Wirklichkeit ist anders; wir haben unsere eigenen Mittel. Wir sind nicht nur Opfer, wir sind nicht so wehrlos, wie ihr uns darstellt. Es war eine Demonstration von Selbstbewußtsein.

Tatsächlich ist es für einen Fremden besonders schwer, sich in die Welt der afrikanischen Frau hineinzuversetzen. Rein äußerlich gesehen steht sie im Mittelpunkt des alltäglichen Geschehens. Ob auf den Märkten oder auf den Feldern, überall erledigt sie die Arbeit, schleppt Lasten auf ihren Schultern, Holz, Wasser, Säcke. Selbst Stadtfrauen mit vermögenden Ehemännern treiben irgendwelche Geschäfte. Im Haushalt helfen derweil ärmere Frauen aus der Familie oder aus dem Heimatdorf als Dienstpersonal. Die afrikanische Frau leidet nicht unter mangelnder Arbeit oder Verantwortung. Sie ist der Dreh- und Angelpunkt der Gemeinschaft. Aber ihre Rechte sind in den überwiegend patriarchalischen Gesellschaften sehr begrenzt. Die Männer haben das Eigentum an Land und Vieh, sie bestimmen über die Verteilung der von den Frauen erwirtschafteten Überschüsse. Die Männer verfügen über die Früchte der weiblichen Arbeit. Und wenn es einer Ehefrau nicht gelingt, sich ihres Mannes zu erwehren, ihre Einnahmen vor diesem zu verstecken, muß sie oftmals um die Versorgung der Familie und die Ausbildung der Kinder bangen. Für manchen Mann genügt der Anblick einer Bierflasche, damit er alle seine guten Vorsätze über Bord wirft – so schildern es die Frauen.

»Die Frauen bei uns sind ständig beschäftigt«, sagt Teresa Kakooza, eine imponierende Uganderin, die in der Erwachsenenbildung tätig ist. »Ihre Arbeit endet nie. Das ist normal bei uns, das akzeptieren sie. Der Mann darf sich derweil ausruhen. Nur die Frauen in den Städten beginnen allmählich, sich dagegen aufzulehnen. Die einfachen Frauen sind meist sogar zufrieden, wenn sie ihren Angelegenheiten nachgehen können und der Mann sie nicht ständig stört oder Ärger macht. Sie stehen früh auf, denn der Brunnen ist oft weit entfernt, und sie müssen fünf oder zehn Kilometer laufen, um Wasser zu holen. Dann müssen sie Brennholz besorgen, das Feld umgraben und bestellen, Essen zubereiten, die Kleinen füttern. Und während sie schuften, tragen sie ihr Baby auf dem Rücken.«

Die Einführung kapitalistischer Wirtschaftsstrukturen hat die Stellung der Frauen verschlechtert. Auf den Plantagen erhalten sie niedrigere Löhne als die Männer, von vielen Arbeitsstellen sind sie ausgeschlossen, und bei der Bildung stehen sie hintenan.

Eine große Erniedrigung für viele afrikanischen Frauen sind die häufigen Seitensprünge ihrer Männer. Im traditionellen Rahmen der polygamen Ehe waren die verschiedenen Frauen in eine Solidargemeinschaft eingebunden. Während dabei das Zusammenleben sowie die Rechte der Beteiligten klar definiert und somit für die Frauen bei allen Nachteilen doch mit einer gewissen Sicherheit verbunden war, weckt die heutige Untreue der Männer vor allem in städtischen Gebieten große Ängste bei den Frauen: AIDS bringt in Ost- und Zentralafrika mehr Menschen um, als irgendwo sonst auf der Welt.

Gleichzeitig herrscht ein starker sozialer Druck auf die Frau, Kinder zur Welt zu bringen. Die Männer haben das Recht, Nachwuchs zu fordern. So können die Frauen den Geschlechtsverkehr mit ihrem Ehemann nicht verweigern, wollen sie nicht verstoßen werden.

Lisa, eine gebildete Geschäftsfrau, mit einem erfolgreichen Rechtsanwalt verheiratet, hat größte Schwierigkeiten, mit ihrem Ehemann über AIDS zu reden. Er verneint glatt, daß es so etwas gibt. Das sei eine Erfindung der Weißen. Die Bücher, die sie ihm hingelegt hat, hat er nicht einmal aufgeschlagen. Seine Ehre als Mann läßt ein offenes Gespräch darüber nicht zu. Dabei hat Lisa gar keinen konkreten Anlaß zu vermuten, daß ihr Mann sich eine Geliebte hält. Sie geht selbstverständlich davon aus. Denn daß sich erfolgreiche Männer mit jungen Gespielinnen umgeben, ist ganz normal. Die Gefahr liegt darin, erklärt sie, daß die Männer annehmen, diese Frauen seien nur für sie da. Dabei wisse doch jeder, daß die sich von mehreren *Sugardaddies* aushalten lassen oder sich nebenbei mit einem jüngeren Mann vergnügen.

Weniger wohlhabende Männer suchen Prostituierte auf, deren Zahl überall zunimmt. Die Verarmung der Bevölkerung, zum Teil aufgrund der Sparmaßnahmen, die IMF und Weltbank in den letzten Jahren vielen Ländern aufoktroyiert haben, trifft am stärksten die Frauen. Wenn entlassen werden muß, wird mit ihnen begonnen. In den Städten bietet sich keine Arbeit an, der sie erfolgreicher nachgehen könnten, als der Prostitution.

Teresa Kakoozas Lebensgeschichte sagt viel über die Schwierigkeiten aus, mit denen ehrgeizige Frauen, die aus ihrer traditionellen Rolle ausbrechen wollen, zu kämpfen haben. »Meine Eltern waren Bauern, beides Analphabeten. Als ich geboren wurde, kamen gerade die Missionare, die weißen Väter. Also war es eine Art Mode, die Kinder zu taufen. Da begann mein Glück. Mein Vater trug mich zum Missionar, und ich erhielt den Namen Teresa. Später war ich sehr darauf aus, Lesen und Schreiben zu lernen, denn ich sah die Menschen auf der Mission, die es konnten. Ich wollte unbedingt zur Schule gehen. Aber mein Vater war skeptisch. Es war ihm zu teuer, obwohl ich glaube, daß eher seine Einstellung im Weg stand. Er war der Ansicht, Mädchen würden in der Schule schwanger werden, und dann wäre seine Investition in mich verloren. Also begann ich die Schule erst mit neun Jahren. Früh am Morgen mußte ich erst das Feld umgraben, ehe ich zum Unterricht durfte. Mein Vater sagte: Bevor du nicht dieses Stück fertig umgegraben hast, darfst du nicht weg – also fing ich um sechs Uhr in der Früh an. Danach waren meine Füße voller Schlamm, und da wir manchmal kein Wasser hatten, schleifte ich meine Füße durch den Tau, die fünf Kilometer zur Schule. Dort wurde ich bestraft, wenn ich zu spät kam, sie schlugen mir auf die Beine: Wieso haben dir die Beine nicht geholfen, schneller herzukommen?

Die Schulen waren nach Mädchen und Jungen getrennt. Aber eine höhere Mädchenschule gab es in unserem Bezirk nicht. Das war für meinen Vater der willkommene Anlaß, mich aus der Schule zu nehmen, denn er wollte mich nicht weggehen lassen. Auch fehlte ihm das nötige Geld für die Schulgebühren. Aber die Priester haben mir geholfen. Sie erklärten sich bereit, für die nötigen Ausgaben aufzukommen, wenn ich ein bißchen für sie arbeiten würde, und sie überredeten meinen Vater. Also ging ich in eine fünfzig Kilometer entfernte Schule und später kam ich ins Gymnasium nach Kampala, wo ich sechs Jahre lang war. Es war eine Missionsschule der weißen Nonnen. Da ich gute Noten hatte, beschlossen die Nonnen, mich nach England zu schicken. Das war 1959. Plötzlich waren meine Eltern sehr glücklich darüber, oh ja, ihr Status war gestiegen, ihr Kind ging nach England, sie waren die wichtigsten Leute im Dorf: Unsere Tochter studiert in England!

Ich blieb sechs Jahre lang in England, sechs lange Jahre von der Familie getrennt. Alles war sehr fremd für mich, so groß, so laut, so chaotisch, so verwirrend. Ich habe mich ständig verlaufen. Das bißchen Geld, das ich erhielt, gab ich für Taxis aus, weil alles zu kompliziert war für mich, die U-Bahn und die Straßen. Ich drehte mich im Kreis, aber die Taxifahrer drehten sich auch im Kreis, um mir mehr Geld abzuknöpfen. Ich heiratete in England, bekam Kinder. Zurück in Uganda wurde ich Lehrerin an meiner ehemaligen Schule.«

Teresa Kakooza engagiert sich heute für die Rechte der Frauen. Sie ist Mitglied einer Frauengruppe und gibt gern Auskunft über die Möglichkeiten der Afrikanerinnen, sich zur Wehr zu setzen, sich eine gewisse Freiheit zu erkämpfen. »Die Frauen schließen sich zunehmend zu Gruppen zusammen, um ökonomisch unabhängig von den Männern zu werden, um ihr Geld zusammenzuhalten. Sie wollen Rücklagen für Krankheiten oder Notfälle bilden, ihren Kindern eine bessere Ausbildung ermöglichen – dazu brauchen sie Geld. Sie bilden eine gemeinsame Kasse und versuchen, mit dem Geld Gewinne zu erwirtschaften, indem sie Handel betreiben, in Maschinen oder Häuser investieren. Oft – vor allem in der Stadt – heiraten die Jüngeren bewußt nicht. Wozu Männer, sagen sie? Die können uns gestohlen bleiben, die müssen wir dann auch noch durchfüttern. Die Kinder, die ziehen wir ja sowieso alleine auf.«

Doch die Kinder, denen die ganze Fürsorge gilt, sind zu zahlreich, um die in sie gesetzten Hoffnungen zu erfüllen. Die Geburtenrate in Kenia zählt mit über vier Prozent im Jahr zu den höchsten der Welt. Viele Kinder zu haben, gehört zum Selbstverständnis, auch unter westlich orientierten Afrikanern. Mit Stolz wird die Anzahl der eigenen Kinder verkündet, ob fünf, acht oder zehn. Unfruchtbarkeit ist eine unvergleichliche Schmach. In dem wundervollen tansanischen Roman ›Die Kinder der Regenmacher‹ von Aniceti Kitereza besteht die Lebenstragödie eines Ehepaares darin, daß der Mann sich trotz kinderloser Ehe nicht von seiner Frau trennen will, obwohl der Fluch der Unfruchtbarkeit auf ihr lastet – auf ihm natürlich nicht! Sein Verhalten findet kein Verständnis innerhalb der Dorfgemeinschaft. Verwandte und Freunde drängen ihn, sich eine andere Frau zu nehmen, denn ohne Nachwuchs sei ein Mann nichts wert.

Über viele Herrscher kursieren Gerüchte unermeßlicher Manneskraft. So soll der König von Swaziland, Sobhusa der Zweite, mehr als fünfhundert Kinder gezeugt haben. Die Fähigkeit sich fortzupflanzen genießt höchste Wertschätzung und verschafft dem Herrscher Respekt.

Bei einem Besuch in seinem Wahlkreis stellte mich der kenianische Minister M. Kiptanui einer seiner Ehefrauen vor. Die schmächtige, schüchterne Frau in ihrem abgetragenen Kleid wohnte in einer einfachen Lehmhütte. Kiptanui dagegen trug einen englischen Maßanzug. Das einzige, was in der Hütte auf die privilegierte Position des Eigentümers hinwies, waren ein Farbfernseher sowie ein überdimensionierter Radiorekorder. Bei unserem kurzen Besuch blieb die Frau stets ehrfurchtsvoll einige Schritte hinter ihrem Mann, während dieser mich durch sein Heimatdorf führte. Er verabschiedete sich von ihr mit einem Kopfnicken. Im Auto meinte er dann, ich hätte eben eine seiner fünf Frauen kennengelernt. Drei weitere würden in anderen Dörfern dieser Gegend leben. Einige Tage später war in der Zeitung ein Bild von dem »Ehrwürdigen Minister« mit seiner Stadtgemahlin zu sehen, eine schlanke Dame in einem eleganten Kleid, das selbst in Paris salonfähig gewesen wäre. Und Kinder? fragte ich ihn. Dreißig! Und er lachte selbstzufrieden: Wir bräuchten zwei Kleinbusse, um sie alle auf einmal zu befördern.

Einer der größten Nachteile der hohen Geburtenrate ist die Tatsache, daß die Kinder meist auf sich allein gestellt sind. Die Eltern haben wenig Zeit, sich mit ihnen zu beschäftigen. Viele Kinder streunen herum, auf der Suche nach einem Zubrot, das sie für die Familie verdienen müssen. Der amerikanische Journalist David Lamb berichtet in seinem hervorragenden Buch ›Afrika Afrika‹ von der interessanten Erklärung einer Kinderpsychologin.

»Die Kinder im ländlichen Afrika entwickeln sich im ersten Lebensjahr schneller als die westliche Norm. In dieser Zeit gibt die Mutter dem Kind sehr viel Zuneigung und Liebe. Zu Beginn des zweiten Lebensjahres hat die Mutter im Regelfall noch ein Baby hinzubekommen und das Erstgeborene wird von ihrem Rücken genommen und bleibt fortan ziemlich allein und ohne Betreuung. Es ist, als sei es plötzlich in Ungnade gefallen.
Die Entwicklung nähert sich dann der westlichen Norm an. Um das dritte Lebensjahr herum hat der Reifevorsprung des afrikanischen Kindes abgenommen. Während in Europa die Mütter ihren Kindern Spielsachen geben und beginnen, sie geistig zu fördern, ihnen zu erklären, wie die Dinge funktionieren, hat eine einfache afrikanische Mutter für so etwas keine Zeit. Die Kinder bleiben sich selbst überlassen. Man hat das Gefühl, daß sie sich danach sehnen, daß sich jemand mit ihnen beschäftigt. Sie haben diese wunderbare kreative Energie und wissen nicht, wohin damit.«

Überall sieht man Zeugnisse dieser kreativen Energie. Die Kinder basteln sich ihre Spielzeuge selbst. Entlang der Straße ziehen sie Autos aus Draht, Plastik und Holz. Sie treten nach Bällen aus notdürftig zusammengehaltenen Kleidungsstücken. Oder sie bestaunen fremde Besucher mit einer Neugier, als würden sie am liebsten in sie hineinkriechen, um nachzusehen, wie es dort aussieht.

Aber schnell werden sie von einem Alltag eingeholt, der Arbeit heißt. Die privilegierte Erziehung, wie wir sie aus unserem Kulturkreis kennen, mit der sorgfältigen Ernährung, der reflektierten Pädagogik, dem spielerischen Lernen und vielem mehr existiert in Afrika kaum. Die wenigsten Familien können auf eine Mitarbeit der Kinder verzichten. Noch vor einigen Generationen galt das ja auch für die meisten Familien in Europa.

Die Kleinen hüten die Herden oder verkaufen auf den Straßen Kaugummis, Zigaretten, Erdnüsse und andere Kleinigkeiten. Sie balancieren die großen Schalen mühsam mit der einen Hand, während die andere in einem der vielen Löcher der Kleidung nach Wechselgeld sucht. Sie laufen den ganzen Tag herum, wirken ernst, geschäftsmäßig und wagen nur von Zeit zu Zeit die verstohlenen oder frechen Blicke, die sie als das entlarven, was sie trotz allem noch sind: Kinder. Die Chancen stehen schlecht, daß sich ihr Leben verändern wird, selbst wenn sie fleißig zur Schule gehen.

Ihrem Nachwuchs eine gute Ausbildung zu ermöglichen, ist der große Traum afrikanischer Eltern. Mit Vorliebe erzählen sie, welche Schule ihre Kinder besuchen, wie weit sie schon fortgeschritten sind. Keine Mutter wird es versäumen zu erwähnen, daß ihr Sohn studiert. So weit kommen allerdings die wenigsten. Die Gebühren und die vorgeschriebenen Uniformen sind für viele Familien unerschwinglich. Lange Schulwege und die vielen Aufgaben und Arbeiten zu Hause verhindern ein konzentriertes Lernen. Und selbst wenn die jungen Männer und Frauen es schaffen, eine acht- oder gar zwölfjährige Ausbildung abzuschließen, eröffnet ihnen das Zeugnis kaum Berufschancen. Der Arbeitsmarkt kann selbst gut ausgebildete Techniker und Handwerker nicht aufnehmen. Nur zehn Prozent der Schulabgänger haben überhaupt eine Chance auf Anstellung. Weder die schulische noch die universitäre Ausbildung führen aus der Arbeitslosigkeit heraus. Das steigert die Bitterkeit und den Frust der gebildeten und mündigen jungen Absolventen.

Kinder gelten in Afrika weiterhin als die Hoffnungsträger, als Altersversicherung und als Statussymbol. Doch so selbstverständlich die vielen Kinder in die Welt gesetzt werden, so sicher ist meist auch das Fehlen von Perspektiven für ihr Leben.

Sackgassen der Hoffnung

Die vielen Gesichter der Stadt –
Verlockungen, Gelegenheiten, Enttäuschungen

Die Armada der Matatus

Jeden Morgen strömen Hunderttausende von den Vororten, den Slums und Ghettos der kenianischen Hauptstadt Nairobi zu den Schatten der Hochhäuser und in das Industrieviertel jenseits der Eisenbahnlinie, und am Abend wieder zurück. Was in manchen Weltstädten von komplexen Nahverkehrsnetzen mit U-Bahnen, Straßenbahnen, öffentlichen Bussen und Zügen erledigt wird, übernimmt in Nairobi eine Armada grell bemalter, lauter, überfüllter und selbstgerechter Kleinbusse: die *Matatus*. Ohne sie würde die Stadt zusammenbrechen. Die wenigen, schlecht gewarteten und zum Himmel stinkenden städtischen Busse wären hilflos überfordert. In keiner Statistik findet man die Zahl der Matatus oder ihrer Passagiere, oder Angaben über den von ihnen erwirtschafteten Umsatz. Doch jeder weiß, daß das Geschäft floriert, so sehr, daß fast jeder, der zu Geld kommt, in einen Kleinbus investiert.

Als die stattliche Frau aussteigt – nein, sich hinausdrückt und hinausgedrückt wird – spüre ich mein linkes Bein nicht mehr. Die Frau hat ihr ganzes Gewicht lange zehn Minuten auf meinen linken Oberschenkel abgestützt. Mein Rücken schmerzt, ich habe Atemnot und bin durchgeschwitzt. Doch ich sollte mich nicht beschweren,

Der zentrale Matatu-Bahnhof in Kampala

genieße ich doch das Privileg eines Sitzplatzes. Die Stehenden werden geknetet wie Teig in den Händen eines cholerischen Koches. Seit den frühen Morgenstunden sitze ich in einem Matatu, stromlinienförmig geschmückt mit den Farben des Reggae, und bin schon seines ersten Grundsatzes belehrt worden: *Es geht immer noch einer hinein.* Der Kleinbus faßt so viele Passagiere, daß der Hersteller weltweit mit der Geräumigkeit seiner Fahrzeuge werben könnte. Zweierlei steht außer Frage: Matatus sind profitable Einnahmequellen, und die Entspannung für meinen linken Oberschenkel wird nur von kurzer Dauer sein …

Bei der nächsten Endstation, in einem etwa fünfzehn Kilometer vom Zentrum gelegenen Slum, das vor einigen Jahren noch ein Dorf aus wenigen Hütten war, setze ich mich neben den Fahrer Jimmy J. Kamau, einen hageren Kettenraucher, der sich nur anhand einer Geheimsprache, die aus Finger- und Handzeichen sowie Hupsignalen besteht, mit der Außenwelt unterhält. Er wartet so lange, bis das Matatu genügend Fahrgäste geladen hat, dann fährt er an, ohne einen Blick an den Seitenspiegel zu verschwenden. Heftiges Hupen hinter uns. Jimmy zeigt keine Reaktion. Der zweite Grundsatz: *Ich bin nicht taub, ich ignoriere euch nur.* Jimmy J. macht diesem Motto alle Ehre – er beachtet den übrigen Straßenverkehr schlichtweg nicht. Bis in den Nachmittag hinein geht das gut. Dann taucht ein Lieferwagen auf, die Ladefläche voller Arbeiter, der nach demselben Prinzip fährt. Die beiden Fahrzeuge rasen aufeinander zu. Jimmy zündet sich gerade eine Zigarette an und streichelt das Lenkrad mit einem Daumen. In meiner Panik starre ich stumm auf die Arbeiter, die sich an den Seitenwänden und an der Fahrerkabine festhalten. Der Pick-Up weicht aus und rast in einen Graben. Die Arbeiter werden herausgeschleudert, purzeln auf eine Wiese. Es wirkt harmlos. Ich verdrehe den Kopf und sehe, wie sie sich aufrichten. Einige Passagiere in unserem Matatu lachen.

Die Matatus tragen die Hauptschuld für die hohe Todesrate auf Kenias Straßen. Die Zeitung ›Daily Nation‹ veröffentlicht seit längerem täglich in einem kleinen schwarzen Kasten die Zahl der Opfer, und die steigt von Jahr zu Jahr. Jimmy J. kümmert das nicht. Er bleibt auch nach diesem kleinen Zwischenfall ganz ruhig. Das einzige, was ihn aufregt, ist Stille. Kaum geht eine Musikkassette zu Ende, kramt er hektisch im Handschuhfach und auf dem Armaturenbrett nach einer anderen herum. *Musik muß ständig dröhnen* – der dritte Grundsatz.

Das laute Abspielen von Musik in Matatus ist per Gesetz verboten. Wie bei vielen anderen Verordnungen auch, resultiert daraus nur eines: Die Polizisten können ihr Gehalt aufbessern. In der Innenstadt steht ein Ordnungshüter plötzlich neben unserem Matatu. Jimmy gelingt es nicht, rechtzeitig die Musik abzudrehen. Ein kurzes Gespräch und ein Händeschütteln. Ein Geldschein wechselt den Besitzer. Jimmy bleibt cool – Matatufahrer zu sein, verpflichtet, zu einer Art Berufsethos, wie etwa bei den Gauchos der Pampa oder bei den Kumpeln in den Revieren. Die besonderen Arbeitsumstände prägen. Die Matatufahrer gelten als hart, arrogant und aggressiv. Und sie sind schweigsam. Während des ganzen Tages wechselt Jimmy J. höchstens fünf Sätze mit mir.

Sicheres Fahren scheint für diesen Beruf keine nötige Qualifikation zu sein. Vor kurzem forderten die Matatu-Unternehmer in Mombasa die Polizei auf, den Fahrern in öffentlichen Lehrgängen die Verkehrsregeln beizubringen! Ein Kurs wurde abgehalten, der Organisator beschwerte sich in der Zeitung über die mangelnde Teilnahme. Viel wichtiger ist schnelles Fahren. Je mehr Touren ein Fahrer am Tag schafft, desto größer sein Verdienst. Die Eigentümer geben meist eine bestimmte Tageskasse vor. Was darüber hinaus erzielt wird, teilen sich Fahrer und Schaffner.

Der Arbeitstag ist anstrengend und zermürbend, Freizeit gibt es kaum. Er beginnt vor Sonnenaufgang und endet erst spät in der Nacht. Und das sieben Tage die Woche. Rechte Hand des Matatufahrers ist der *tout*, eine englische Berufsbezeichnung (auf Kisuaheli *manamba*), für die es im Deutschen keine Entsprechung gibt. Das Lexikon erklärt: jemand, der besonders aufdringliche Kundenwerbung betreibt, ein Schlepper. Diese so vorteilhaft benannten jungen Männer sind die Verkaufs- und Marketingchefs der Matatus. Sie springen aus dem abbremsenden Matatu, gucken sich rasch nach Kunden um, treiben die Wartenden an, einzusteigen … schnell noch, Mama, hier ist nach Kangemi, richtig, rein mit dir, ist noch Platz, Mama, jede Menge Platz, schnell schnell, gleich fahren wir ab, wer noch nach Kangemi, Kangemi, Kan-ge-miiii, komm komm … er haut mit der flachen Hand auf das Blech, schreit den Zielort ein letztes mal heraus, der Fahrer fährt auf das Scheppern hin los. Trotz der Hektik bleibt den *touts* Zeit, sich mit Konkurrenten, Passanten und anderen Fahrern zu streiten, Witze zu machen, Possen zu reißen. Sie sind Haudegen und Aufschneider, von Stolz erfüllt und – angesichts der täglichen Aufführungen vor einem Massenpublikum – zur Theatralik gereift. Mit einer Hand hängen sie sich an den Haltegriff, hüpfen mit einem Bein über den vorbeisausenden Asphalt, hecheln dem Matatu hinterher, wenn sie sich verquatscht haben, springen überall auf und klettern unter Jubelrufen, Flüchen, Ratschlägen und Sprüchen zur Tür vor.

Die Matatubranche ist das beste Beispiel für den informellen Sektor, der über die Jahre hinweg gewachsen ist, der ohne staatliche Kontrolle oder Planung Marktlücken ausfüllt und Arbeitsplätze schafft, so daß den Behörden nichts anderes übrigbleibt, als ihn zähneknirschend zu akzeptieren und sich parasitär anzuschließen. Erst in einer Verkehrsverordnung von 1984 wurde die Existenz der Matatus von der kenianischen Gesetzgebung anerkannt. Bis dahin war das frei organisierte Netz kleiner Busse und Lieferwagen illegal. Inzwischen üben die Magnate des Transportgeschäfts durch ihren Verband, eine der erfolgreichsten Privatinstitutionen des Landes, großen politischen Einfluß aus, wie zwei große Streiks der Matutu-Unternehmer zeigen. Im März 1988 ordneten die Behörden eine technische Überprüfung der Matatus an. Ein zweitägiger Streik genügte, um die Regierung von der Unvernunft dieser Maßnahme zu überzeugen. Seitdem ist niemand mehr auf so eine abwegige Idee gekommen. Als

1992 die Opposition in Kenia einen Generalstreik ausrief, konterte die Regierung mit der Drohung, jeden Streikenden zu entlassen. Daraufhin standen die Matatus still, so daß jeder »entschuldigt« der Arbeit fernbleiben konnte.
So faszinierend und verrückt die Welt der Matatus mit ihrem Rhythmus von Geschwindigkeit, Enge, Lärm, Einfallsreichtum und Überlebenskampf einem Fremden auch scheinen mag, in ihr spiegeln sich, wie kaum sonst, Mythos und Alltag der jungen ostafrikanischen Metropolen.

Geschichte und Gegenwart

Der Bautrupp erreichte das Flüßchen und machte halt, inmitten der weiten Athi-Ebene. Der Boden war schwer und schwarz, die Umgebung sumpfig und moskitoverseucht. Der leitende Ingenieur gab das Kommando: Lager aufschlagen. Er hatte den ungemütlichsten Platz im Umkreis von hundert Kilometern ausgewählt. Man schrieb das Jahr 1899, und die Bauarbeiten an einer Eisenbahnlinie quer durch Ostafrika dauerten schon drei Jahre an. Die Schienen führten von der Küstenstadt Mombasa aus bereits fünfhundert Kilometer durch Halbwüsten und trockene Steppen, die Arbeiter hatten sich des erbitterten Widerstands Einheimischer und menschenfressender Löwen erwehren müssen. Doch die größte Herausforderung stand noch bevor: der Aufstieg ins Hochland und der steile Abbruch ins Rift Valley. So wurde das Camp an dem Flüßchen zum Basislager für künftige Aufgaben. Die Massai nannten die Gegend *Nakusontelon*, Anfang aller

Schönheit, und den Bach *Uaso Nairobi*, kaltes Wasser. *Nairobi* blieb – Ort des kalten Wassers.

Die Technik und der Sachverstand englischer Ingenieure sowie die Beharrlichkeit indischer Arbeiter (die man aus dem Subkontinent herbeigeschifft hatte, nachdem der Versuch, Afrikaner zu Arbeitstieren zu dressieren, mißlang) vollbrachten eine der größten Leistungen in der Geschichte des Eisenbahnbaus. Gemeinsam überwanden sie den fast vertikalen Abstieg am Großen Ostafrikanischen Graben. Nairobi wurde zur entscheidenden Schaltzentrale der Planung und des Nachschubs für die gesamte Linie, die sich auf dem beharrlichen Weg nach Uganda befand. Nur einige Jahre und zwei Pestepidemien später war Nairobi mit allen Attributen britischer Zivilisation ausgestattet: einem Postamt, einer Sodawasserfabrik, einem Gemeinderat, einer Galopprennbahn und einem Golfclub. Die Straßennamen importierte man direkt aus London. Schon bald konnten auf der Victoria Street die ersten Siedlerfrauen schlendern, oder aber, in der Regenzeit, knietief waten. Am Ende dieser tropischen Allee hatten die Inder ihren Bazar errichtet, eng und verwinkelt, als wollten sie an Luft und Sonne sparen, und so laut wie für gute Geschäfte nötig.

Nairobi war eine typische Kolonialstadt, eine europäische Schöpfung, Stützpunkt einer fremden Kultur, die ihre eigene Infrastruktur mitgebracht hatte. Die Menschen, die diese Metropole die nächsten hundert Jahre prägen sollten, lebten von Anfang an getrennt voneinander. Die englischen Kolonialbeamten und Siedler, die indischen Kulis, die sich bald zu Händlern wandelten, und die – in der Ebene und dem Hochland beheimateten – Kikuyu, Massai und Kamba, deren Zuzug in den ersten Jahrzehnten untersagt oder auf eigene abgetrennte Wohngebiete beschränkt wurde. Nairobi wurde von Europäern gegründet und entwickelte sich in den ersten Jahrzehnten gänzlich gemäß ihren Vorstellungen, Werten und Interessen.

Die ugandische Hauptstadt Kampala dagegen hat afrikanische Wurzeln. Auf mehreren sanft gewellten Hügeln erbaut, inmitten dichter Vegetation, von großzügig angelegten Ringstraßen durchzogen, war sie zwar eines der Aushängeschilder des britischen Imperiums, doch das Grab der Buganda-Könige auf einem der Hügel erinnert an eine weit zurückreichende, bewegte Geschichte.

Das Reich der Buganda breitete sich im 17. Jahrhundert im Norden des Viktoriasees aus. Wie in einem zentralistischen Staat üblich, residierten die absoluten Herrscher, die *kabaka*, in einer imposanten Hauptstadt namens *Rubaga*. Von hier aus wurde der mächtige Staat regiert. Unangefochten bestimmte das Königshaus in der Folge von über zwanzig Kabakas über ein Gebiet von der Größe der

Der Kabaka Mwanga im Jahre 1890, absoluter Herrscher über das Königreich der Buganda

Schweiz. Bis die »Weißen« kamen. Zuerst Araber, dann englische und französische Missionare. Moslems, Protestanten und Katholiken lieferten sich am Buganda-Hof einen erbitterten Kampf um die Seele des Kabaka. Dieses Gerangel um Einfluß, und um die Kontrolle über die hier vermutete Quelle des Nils, zeitigte wechselhafte Resultate. Der Kabaka wechselte mehrfach den Glauben, je nach Bedarf, eine politische Flexibilität, die aufgrund ihrer Rentabilität von einigen zeitgenössischeren afrikanischen Diktatoren nachgeahmt wurde. Für Untertanen und Ausländer waren die Konsequenzen blutig. Wer in Ungnade fiel, mußte um sein Leben fürchten. Einige Missionare und Konvertiten starben den Märtyrertod. Innenpolitische Machtkämpfe und ständige Kleinkriege mit benachbarten Königreichen destabilisierten den Buganda-Staat noch mehr. In den achtziger Jahren des letzten Jahrhunderts hatten sich die Konflikte zu einem Bürgerkrieg ausgeweitet. Der Kabaka Mwanga wurde abgesetzt und vertrieben. Umgehend hob er eine Armee aus, fiel in sein ehemaliges Reich ein und eroberte sich im Oktober 1889 die Macht zurück. Zur Feier gründete er nahe Rubaga auf dem Mengo-Hügel eine neue Hauptstadt. Da war es fast selbstverständlich, daß Captain Lugard, der Gesandte der kolonialen britischen Gesellschaft I.B.E.A., im Jahr darauf sein Fort auf dem gegenüberliegenden Hügel *Kampala* errichtete. Die Grundpfähle der zukünftigen Großstadt waren gesetzt.

Nur wenige Städte in Ostafrika, von dem Küstenstreifen abgesehen, haben eine voreuropäische Vergangenheit. Bedeutendste Ausnahme ist das äthiopische Addis Abeba, Hauptstadt des einzigen afrikanischen Landes, das nicht kolonialisiert wurde. Fast alle heutigen Großstädte bestanden vor siebzig oder neunzig Jahren aus einem Fort, einigen Zelten oder Hütten, aus einer Viehtränke oder einem Handelsposten. Oder sie waren einfach nur Teil der Ebene. Heute sind sie gewaltige Siedlungsmoloche.

Weltweit nimmt die Bedeutung der Stadt als Lebens- und Wirtschaftsraum zu. In den Industrieländern lebten siebzig Prozent der Bevölkerung in Städten; in Ostafrika ist es erst ein Drittel. Doch während sich in Europa Tendenzen einer rückläufigen Entwicklung bemerkbar machen, verstädtern die afrikanischen Länder aufgrund von Landflucht und Bevölkerungswachstum zusehens – im Jahre 2010 wird jeder zweite in einer Stadt leben. (1960 gab es auf dem ganzen Kontinent nur zwei Millionenstädte, heute sind es mehr als 30, darunter Nairobi, Dar-es-Salaam und Addis Abeba). Die Metropolen üben eine magische Anziehungskraft auf die jungen Menschen auf dem Lande aus – siebzig Prozent der Städter sind noch keine 25 Jahre – sie verheißen Reichtum, größere Chancen und bessere Lebensqualität. Doch die Erwartungen erfüllen sich in den seltensten Fällen. Die Städte wälzen sich aus, werden zu lebensbedrohenden Beton-, Blech- und Müllöden. Es fehlt an allem, an Wohnungen und an Arbeit, an fließendem Wasser und an Kanalisation, an Krankenhäusern und an Schulen. Kriminalität und Verelendung nehmen zu, großfamiliäre Strukturen, die das Leben auf dem Land bestimmen und ein Überleben ermöglichen, zerbrechen.

Das Zentrum mit seinen Behörden, Bürohäusern, Geschäften, Börsen, Hotels, Supermärkten und Kinos ist vom europäischen Vorbild geprägt. Die Vororte bestehen aus einigen Villengegenden, seltenen Vierteln aus Wohnblocks oder Reihenhäusern, und überwiegend aus Barackensiedlungen – den Slums –, die den Großteil der Bevölkerung mehr schlecht als recht beherbergen. In ihnen kristallisiert sich die Krise der afrikanischen Städte.

Während die Menschen in den Slums mit ihren gewaltigen Problemen zu kämpfen haben, hat sich die City längst dem *global village* angeschlossen. Nairobi ist als *die* ostafrikanische Metropole schlechthin Teil des internationalen Netzes wirtschaftlicher Beziehungen. Über die Satellitenstation am Fuße des *Susua*-Vulkans kommuniziert sie mit der ganzen Welt, über die vielen Vertretungen großer Unternehmen hat sie Zugang zu Waren und Know-How. Die Zentrale der UN-Organisation UNEP in einem der Vororte Nairobis verschafft der »Vierten UN-Hauptstadt« internationales Renommee.

Im Slum

Extreme Kontraste existieren in Nairobi nebeneinander, spiegeln sich in fast jedem beliebigen Ausschnitt wider: Vor einem Hochhaus aus Marmor, Glas und Chrom, in dem Geschäftsleute an plätschernden Wasserfällen vorbei in ihre eleganten Büros eilen, verkauft ein junger Mann auf einem Holzkohlenofen gebratene Maiskolben. Im Erdgeschoß des Büropalastes bietet ein Inder in seinem vier Quadratmeter großen Kiosk Krämerware an. Im Stau des dreispurigen *Uhuru Highway* steht eine Mercedeslimousine neben einem tattrigen Taxi, daneben rastet ein schwer beladener Karren, dessen Besitzer seine Fracht noch einige Kilometer zu einem Kunden ziehen muß. Zwischen ihnen hasten minderjährige Händler hin und her, Zeitungen und

Zeitschriften aus In- und Ausland im Arm, das Wechselgeld flink abzählend und noch flinker zur Seite springend, wenn die Ampel auf Grün schaltet. Nur einige Blocks voneinander entfernt buhlen Nobelrestaurants mit Klaviermusik und Kellnern in weißen Handschuhen um die Reichen, ganz im Gegensatz zu den Eßhöhlen, die Innereien, Spinat und Maisbrei als günstige Tagesmahlzeit anbieten.

Nachts erleidet die City von Nairobi das Schicksal der amerikanischen Innenstädte: Sie ist wie ausgestorben. Reiche und Arme kehren nach getaner Arbeit in ihre Villen und Hütten heim. Nur Nachtwächter, Polizisten, Prostituierte, Bettler und Obdachlose bleiben nach Einbruch der Dunkelheit auf den gespenstisch wirkenden, meist unbeleuchteten Gehsteigen. Die City wird zu einem gefährlichen Ort. Die wenigen Autos hasten zu ihrem Ziel, einem Restaurant, Kino oder Nachtclub. Dort sorgt ein Nachtwächter des Etablissements für die Sicherheit des Wagens, und gegen ein kleines zusätzliches Trinkgeld garantiert er, daß die Radkappen nicht verschwinden. Mit seinen Kollegen von den benachbarten Gebäuden zündet er sich ein kleines Lagerfeuer auf dem Gehsteig an – das wärmt etwas. Um sechs Uhr früh, nach einer zwölfstündigen Schicht, fährt er zu seinem Unterschlupf in einem der Slums.

Das Auffälligste am Slum ist die Vielfalt. Ich erwarte Eintönigkeit, Not, grau in grau, und treffe auf Vielfalt. Jeder im Slum kämpft auf seine Weise ums Überleben. Feste Betonhäuser, hölzerne Hütten und zusammengeflickte Verschläge aus Resten jeglicher Art machen deutlich, daß auch im Slum soziale Unterschiede herrschen. Denn selbst an den armseligsten Behausungen kann man verdienen. Die Verschläge werden von den sogenannten *minor land lords*, den kleineren Hauseigentümern, vermietet. Ein winziges Zimmer ohne Sanitäranlagen, in dem sich nachts bis zu zehn Menschen zusammenzwängen, kostet das Äquivalent eines Wochenverdienstes schwerer körperlicher Arbeit.

Beim Bau dieser Buden hat man alles verwendet, was verfügbar war. Die Wände bestehen aus morschen und soliden Holzplanken, zusammengehalten von halben Baumstämmen, befestigt mit rostigen Nägeln und Seilen; das Dach ist aus Wellblech. Löcher werden mit Pappe und Lehm gestopft. Alles einräumige Hütten, eingerichtet mit einigen Kochutensilien, Truhen und Matratzen. Manchmal spannen die Bewohner in der Sehnsucht nach etwas Intimität ein Bettlaken oder Tuch auf. Die Wände bedeckt eine eigenwillige, vom Zufall entworfene Tapete: aufgeklebte Schnipsel aus Zeitschriften, Plakate, Werbezettel, Modebilder, Nachdrucke viktorianischer Gemälde, Pepsi-Sterne, Fotos von Boxern, einfach alles.

Bei Regen wird der Boden zu einem schwer begehbaren Matsch, in den Rinnsalen, fast schon Bächen, zwischen den Häusern sammeln sich die Abfälle des Slumalltags. Die selbstgegrabenen Toiletten werden vom Regenwasser aufgefüllt, die Exkremente strömen heraus, treiben umher. Die Menschen waten durch das dreckige Wasser, ohne zu sehen, wo sie hintreten. Und es regnet auch in die Buden hinein – nur wenige haben eine an der Außenwand befestigte Plastikröhre oder andere Abflüsse.

Kamwokya in Kampala ist ein solcher Slum. Auch unter den Slums gibt es Unterschiede, gibt es mehr und weniger menschenunwürdige. Doch auch »bessere« Slums wie Kamwokya liegen in einem Tal (die höhergelegenen Grundstücke sind kostbar), dort wo Wasser und Schmutz sich sammeln, dort, wo Moskitos brüten. Ein Schotterweg führt von der Hauptstraße nach Kamwokya hinein – die Hauptader des Slums. Er führt ins Tal hinab und auf der anderen Seite wieder hinauf. Gleich am Anfang stehen sich zwei kulturelle Zentren gegenüber: das Videokino und der *Masaba Club*. Das Videokino wirbt mit Originalplakaten für ›Rise and Fall of Idi Amin‹, ›Basic Instinct‹ und ›Odyssee 2001‹. Die Betreiberin sitzt vor der Tür, neben ihr zwei junge Männer, die Eintritt kassieren und das Videogerät bedienen. In einer Ecke der großen Lehmhütte steht ein farbiger Fernseher auf einem Tisch. Davor in mehreren Reihen einfache Holzbänke. Vereinzelte Strahlen dringen durch die schlitzartigen Fenster. Einige schweigsame Gestalten sitzen da, zwei Meter entfernt von dem Weltall, durch das ein Raumschiff zu sphärischen Klängen gleitet.

Die Mitglieder des Masaba Clubs treffen sich dagegen im Freien. Sie setzen sich zu einem Kreis zusammen, in ihrer Mitte ein bauchiger Topf, aus dem eine Vielzahl überdimensionaler Strohhalme ragt. Jeder der Männer hat einen Halm in der Hand oder im Mundwinkel, zieht von Zeit zu Zeit an dem Hirsebier. An der unteren Seite des Halmes ist ein Sieb angebracht, das den festen Satz des von den Frauen des Slums selbstgebrauten Getränks absondert. Für das Recht, eine Zeitlang dazusitzen und mitzutrinken, zahlen die Männer einen Beitrag an ihren Schatzmeister, der die Kasse führt und zuverlässig Nachschub besorgt. Bleibt Geld übrig, verbessert er die Örtlichkeit oder organisiert eine Feier.

So wie mit verschiedenen Halmen aus einem Topf getrunken wird, so kommen die Geschichten und Gerüchte von überall her, landen im Club und gären, bis es Zeit wird aufzustehen und nach Hause zu gehen oder zu taumeln. Und was machen die Freunde, die kein Geld mehr haben, den Beitrag zu entrichten? Muß man dann die Runde verlassen? Nein, das nicht. Man muß auf seine Hosentasche klopfen, erklärt der Schatzmeister. Das bedeutet: Ich weiß, ich muß zahlen, aber ich kann nicht. Dann gibt es nur eine Lösung. Der Säumige muß sich ein Feuerwerk an Ausflüchten, Aussichten und Ausreden einfallen lassen. Es hängt von seinem Einfallsreichtum ab, ob er die anderen so sehr belustigen und gnädig stimmen kann, daß sie ihm seinen Halm weiterhin gönnen. Wer sich aber zu zahlen weigert, oder auf die Vergeßlichkeit der Runde hofft, der wird sofort ausgeschlossen.

Der Masaba Club ist den ganzen Tag über geöffnet. Arbeitende und Arbeitslose kommen und gehen, die Alten bleiben länger, die Jüngeren lassen sich kurz blicken. Sie reden und sammeln Nachrichten. Das ganze Geschehen in Kamwokya wird dem Masaba Club zugetragen, wird hier gebündelt, kommentiert und an die Erinnerung oder an Besucher weitergegeben – nicht nur in dieser Hinsicht läuft hier das Gegenprogramm zum Videokino auf der anderen Straßenseite. In dem städtischen Club wird die Tradition des dörflichen Palavers fortgeführt. Das eigene Leben bietet die Grundlage für Unterhaltung und Zeitvertreib, während in dem fensterlosen Videoraum fremde Geschichten auf entfremdete Blicke treffen.

Der Club hat noch eine weitere Funktion. Er verbindet die Städter mit ihrer ländlichen Heimat. In diesem Teil von Kamwokya wohnen überwiegend Menschen aus dem Osten Ugandas. Ihr »Viertel« ist sozial und kulturell homogen. »Wir haben es gern, den Kontakt mit unserem Dorf zu pflegen«, sagt der Vorsitzende in einem geschwollenen Englisch, das den Ugandern eigen ist, die noch in der Kolonialzeit zur Schule gingen. Die Verbindung gibt ihnen Wärme und Schutz. Die Männer können sich in ihrer Muttersprache unterhalten, über die Nachrichten aus der

Heimat. Und jeder von ihnen plant, auch wenn es nur ein Plan für Träume bleibt, in sein Dorf zurückzukehren. Wenn, ja wenn, sie hier in Kampala genug verdient haben, um sich zu Hause ein Stück Land zu kaufen, ein Haus zu bauen. Der Vorsitzende deutet auf seine Füße: »Die Schuhe verschleißen schnell in der Stadt, sie halten nicht lange, und niemand weiß genau, wann er sich ein neues Paar leisten kann.« Deshalb sei es angebracht, die Brücke zum barfüßigen Leben nicht abreißen zu lassen. Derweil verschaffen sie dem Dorf Eintritt in die Stadt. *Ruralisierung* nennen das die Fachleute, und meinen damit die Hühner, die uns ständig über den Weg laufen, die winzigen Parzellen mit Mais, Bananen, Kohl. Jeder Quadratmeter wird genutzt. Und die im Dorf verbliebene Familie behält Einfluß, entscheidet in wichtigen Fragen, wie der Heirat zum Beispiel, mit und stellt finanzielle Forderungen, denen sich die meisten Stadtbewohner beugen.

Zwei Frauen sprechen mich an.

»Woher kommst Du?«

»Aus Deutschland.«

»Hast Du dort Arbeit für uns?«

»Nein, ich habe keine Arbeit, es gibt auch dort nicht viel Arbeit.«

»Weißt Du von irgendeiner Arbeit hier?«

»Nein, ich bin nur Besucher. Wo sind eure Ehemänner?«

»Wir sind nicht verheiratet. Es gibt keine Männer, viel zu wenig Männer. Wenn Du möchtest, könntest Du jetzt gleich fünf Frauen bekommen. Mit uns beiden angefangen.«

Die Slums, meist ungesetzliche Siedlungen, sind das bestimmende Merkmal der afrikanischen Städte. Sie bieten mehr als der Hälfte der Bevölkerung Unterkunft. Ihre Existenz verdanken sie dem Zustrom von Neuankömmlingen, den hohen Preisen für menschenwürdigen Wohnraum sowie der Unfähigkeit bzw. Unwilligkeit offizieller Stellen, auch nur ansatzweise Abhilfe zu schaffen. Trotz ihrer Illegalität, werden sie von den Behörden verstärkt geduldet. Nur noch gelegentlich beschließt der Stadtrat, die Buden und Hütten mit Bulldozern dem Erdboden gleich zu machen. Das hat seine Gründe: Zwar schaden die Slums dem Image der Hauptstadt, beleidigen das Selbstwertgefühl der einheimischen Elite und verspotten den modernen Anspruch der Regierung, doch finden die Armen, die sonst lästig und sogar aufrührerisch werden könnten, dort eine Bleibe.

Nur noch gelegentlich wird Räumungsbefehl erteilt, und innerhalb einiger Nachtstunden werden die Unterkünfte tausender Menschen zerstört. Wie man sich fühlt, wenn das eigene »Heim« in der Nacht plattgewalzt wird, hat der kenianische Autor Meja Mwangi in seinem Roman ›Nairobi River Road‹ beschrieben:

> »Plötzlich wird die dunkle Nacht in Bens Kopf von einem gewaltigen Donnern unterbrochen. Sein Kopf fühlt sich kochend heiß an und wie vollgestopft mit spitzen, rostigen Nägeln. Er dreht sich langsam um und öffnet die Augen. Das Licht der Morgendämmerung schlüpft schüchtern in die Hütte. Ocholla schimpft im Halbdunkel auf seinem Lager, murmelt etwas darüber, daß er die verdammte Tür einreißen und dem Sack draußen den Hals brechen will. Der Krach vor der Tür erreicht seinen Höhepunkt und wird begleitet von einem Hintergrunddonner wie von einem weit entfernten

Gewitter. Das gesamte Tal ist auf den Beinen. Ocholla flucht, robbt zur Tür und tastet nach dem Riegel.
›Hurensöhne‹, flucht er. Die Tür geht quietschend auf. Er blickt nach draußen. Einen Augenblick lang hört Ben nur heftiges Atmen. Dann räuspert sich Ocholla.
›Ihr ... schon wieder‹, stöhnt er.
›Ja, wir sind's wieder.‹
Eine zögernde Pause.
›Was wollt ihr dieses Mal?‹, fragt Ocholla unwirsch.
›Dasselbe wie letztes Mal‹, antwortete eine harte, brüske Stimme.
Ocholla scheint eine Zeitlang nachzudenken. Dann:
›Haut ab‹, seine Stimme ist rauh und gebrochen: ›Wir schlafen noch fest.‹
›Was zum Teufel ist los‹, Bens Stimme krächzt entsetzlich.
›Es sind ein paar Bullen‹, antwortet Ocholla.
›Was wollen sie? Sag' ihnen, sie sollen zum Teufel gehen.‹
›Sie können nicht‹, antwortet Ocholla traurig. ›Sie wollen die Hütte niederbrennen.‹
›Was wollen sie?‹
›Die verdammte Hütte abreißen‹, antwortet Ocholla. ›Frag' sie selbst.‹
›Beeilt euch‹, antwortet der Leiter des Trupps ungeduldig. ›Wir haben unsere Arbeit zu erledigen.‹
›Wann werdet ihr Kerle es jemals aufgeben?‹, ist alles, was Ocholla herausbringt.
›Wir haben unsere Arbeit zu erledigen‹, antwortet eine der Gestalten.
Ocholla steht da und atmet wie ein Nashorn, nahe dran aus der Haut zu fahren.
›Nun ... sag' doch irgend etwas, Ben‹, sagt er, ohne sich umzudrehen.

Ben räuspert sich: ›Wir können es uns nicht leisten, euch Kerlen Schmiergelder zu zahlen. Wir Kerle sind arm und …‹

›Verflixt, irgend etwas anderes, Ben‹, seufzt Ocholla. ›Das kennen sie schon längst … oh Scheiße.‹

Er dreht sich abrupt um und stürmt zurück in die Hütte. Ben zuckt die Achseln und folgt ihm. Ocholla bündelt sein Bettzeug und wirft es nach draußen. Ben weckt Baby auf und schiebt das schläfrige Waisenkind raus, damit die Männer es sehen können. Sie bleiben unbeeindruckt. Er geht wieder in die Hütte zurück. Die beiden Männer bergen ihr Eigentum: Aluminiumbecher, Geschirr, Kisten, Papier, Lumpen. Das ganze Nairobi-Tal ist wach und im Chaos. Rauf und runter, entlang des stinkenden, trüben Flusses züngeln Feuer, große Zungen roten, heißen Feuers zerstören merkwürdige Gebilde aus Pappe und Holz, und schicken kraftlosen, schwarzen Rauch in den dunklen Himmel. Hüttenbewohner irren umher, um zu retten, was noch zu retten ist. Keiner weint, nicht einmal die Säuglinge. Sie sind alle Profis in diesem Spiel. Das Spiel heißt Überleben. Die ganze Familie spielt einfach ihre Rolle. Die Rolle bedeutet, daß sie ruhig bleiben, geduldig, und sobald die öffentliche Gesundheitsarmee verschwunden ist, wieder aufbauen, mit der gleichen ruhigen Geduld und Bestimmtheit.

Ochollas Hütte entflammt schnell, so als sei sie es ebenfalls gewohnt, niedergebrannt zu werden. Ihre Bewohner stehen ein bißchen abseits und sehen zu.«

Aus dem Leben der Stadt

Sunil Verjee ist ein bescheidener, höflicher Mann, dessen Gesicht gerne zuvorkommend lächelt. Er kleidet sich in beigen Tönen. Alles an seiner Erscheinung vermittelt, daß er nicht auffallen will. Sein zweistöckiges Haus verbirgt sich hinter einem großen Garten, einer wallstarken Hecke und mehreren bissigen Hunden. Im Atrium des Hauses hat er sich ein Schwimmbecken bauen lassen, und neben dem Haus befindet sich ein Tennisplatz mit Flutlichtanlage. Dort, wo Sunil Verjee lebt, ist das nichts außergewöhnliches. Im Villenvorort *Muthaiga* kann sich jeder eine Freizeitanlage im Garten leisten. Ungewöhnlicher ist da schon die Falltür, die er mir eines Tages zeigt. Der Präsident hat zum wiederholten Mal gegen die *Asians* gewettert, sie als Parasiten beschimpft, deren Arroganz man nicht mehr lange hinnehmen werde. Die *Asians* genannte, aus Indien und Pakistan stammende, Minderheit, beobachtet mit der Aufmerksamkeit von Auguren solche Zeichen der innenpolitischen Zeit. Immer wieder haben sie in Ostafrika gewalttätige Übergriffe erleiden müssen, und seit Idi Amin 1972 in Uganda siebzigtausend von ihnen des Landes verwies, rechnen sie mit allem und sind auf alles vorbereitet. Die Falltür führt zu einem ausgehöhlten Raum, der als Versteck mit dem Nötigsten ausgestattet ist: Paraffinlampen, Matratzen, Trockennahrung und sicherlich auch einige finanzielle Reserven. Die Rücklagen der Familie sind schon längst im Ausland, solide in kanadische Wohnungen und englische Banken investiert.

Die Verjees sind vollendete Gastgeber. Sie erzählen viel und gerne ... auch aus der Familiengeschichte. Der Großvater hat nach Beendigung des Eisenbahnbaus begonnen, mit Obst und Gemüse zu handeln. Seine gesamte Ware fand auf einem Karren Platz, den er von früh bis spät durch die Straßen des indischen Viertels zog. Die Gewinne ermöglichten ihm zum Lebensende ein eigenes kleines Häuschen. Nach seinem Tod übernahmen die Söhne das Geschäft. Der Älteste von ihnen blieb traditionsgemäß im Haus des Vaters. Die Brüder arbeiteten zusammen, hielten zueinander, ihre Ehefrauen importierten sie aus Indien, wohlweislich Mädchen mit beachtlicher Mitgift. Die Geschäfte liefen gut.

Wenig mehr als ein halbes Jahrhundert nach dem Entschluß des Großvaters, fliegender Gemüsehändler zu werden, ist der Enkel einer der wichtigsten Geldverleiher und Kreditgeber in der Stadt, zu einem Zinssatz, der das Vermögen der Familie täglich steigert.

In der Villa in Muthaiga lebt auch die Mutter von Frau Verjee, eine strenge Weißhaarige, die kein Wort Englisch spricht, sich mit ihren Enkeln kaum verständigen kann und nur höchst ungern die Küche verläßt. Ihre Tochter kümmert sich lieber um die Gäste. Die Verjees leben in einem bedrohlichen und bedrohten Schlaraffenland. Sie sind sich dessen sehr bewußt. Frau Verjee seufzt kurz und sagt: »Wo sonst können wir so leben wie hier. Solange es möglich ist, bleiben wir.«

Die in konsequentes Weiß gehüllte Braut schreitet die Treppen der Kirche hinauf, am Arm ihres Vaters. Verwandte und Freunde rufen ihr Glückwünsche und Begrüßungen zu, klatschen in die Hände, schnalzen mit der Zunge. Vor dem Altar warten sechs Brautjungfern in purpurnen Kleidern, Hüten und Handschuhen. Die Hochzeitsgesellschaft begeht die Trauung in opulenter Schönheit.

Mitten in der Zeremonie, kurz vor den Treueschwüren, wird es am Portal unruhig. Der Ehrengast ist angekommen! Ein bedeutender Minister, bekannt mit der Familie des Bräutigams. Vor der Kirche warten schon die Photographen der Tageszeitungen. Zu einer Hochzeit der Reichen gehört das obligatorische Foto: Frischvermählte mit Minister. Eine persönliche Gratulation des Präsidenten ehrt die Familie natürlich besonders, doch ethnische und wirtschaftliche Loyalitäten entfernten die Familie Mwangi, Ausrichter dieser Hochzeit, von seiner Gunst.

Mit dem Foto endet die förmliche Hochzeit in der Stadt. Die Feier findet auf der Farm im Hochland statt. Eine Kolonne von Fahrzeugen setzt sich in Bewegung: Limousinen mit Chauffeuren, kleine Stadtautos und gemietete Busse, die den ländlichen Teil der Familie transportieren. Die dörflichen Tanten und Großkusinen waren schon in der Kirche nicht zu verwechseln: Mit einem Sisalkorb anstelle einer Handtasche am Arm, an den Füßen Turnschuhe und über dem Haar ein Tuch, fielen sie inmitten von Rouge und Spitzen sofort auf. Schon rein äußerlich trennen sie mehr als nur zwei Generationen von ihren Enkeln.

Auf der Wiese vor dem Landhaus wird eine Ziege auf offenem Feuer gegrillt. Etwas Schmackhafteres gibt es nicht, und so halten sich Beilagen bescheiden zurück. Ein bißchen Gemüse, natürlich *ugalii* (Maisbrei) und Reis. Schnell bilden Frauen und Männer getrennte Gruppen, für den Rest des Abends. Die Männer trinken Bier und Whiskey, die Frauen süßen ihren Milchtee stark, und die Älteren hüllen sich in Decken, denn hier oben im Kikuyuland, 1800 Meter hoch, wird es gegen Abend kühl.

An einem Sonntagnachmittag treffe ich drei junge Männer in einer Kneipe namens *Good Hope*. Wir sitzen auf der Dachterrasse oberhalb der *Juja Road*, auf der die Matatus wie auf einer Rennstrecke vorbeirasen. Der Wind bläst durch unsere Haare, trägt das selbstbewußte Hupen der Busse und die Schreie von Passanten, Straßenhändlern und Streitsüchtigen zu uns herauf. Auf der anderen Seite liegt *Mathare Valley*, der größte Slum Nairobis, mit über hunderttausend Einwohnern auf einer Fläche von ungefähr zwei Quadratkilometern. Das macht zwei Quadratmeter pro Person, die Wege, Kochstellen, das Flußrinnsal und dessen freistehendes Ufer mitgerechnet.

Es ist ein bedeckter Tag. Mathare Valley sieht wie eine Müllhalde aus, wertlos und unbewohnbar. Das Zuhause von hunderttausend Menschen. Wir holen uns einige Biere an der Bar. Nach dem ersten großen Schluck sind die drei Männer gesprächsbereit. Ich stelle eine allgemeine Frage. Tony, der älteste von ihnen, legt in einem Sing-Sang los, erzählt sprunghaft, mit Sinn für Dramatik. Die beiden anderen mischen sich gelegentlich ein. Die bewußte Theatralik ihres Redens ermöglicht ihnen, so scheint es mir, Abstand von dem Alltag zu gewinnen …

»dort unten im ghetto, wo wir leben, das leben ist dort hart, da gibt es kein wasser, dafür mußt du weit gehen, und denk an die umgebung mann, das ghetto ist so schmutzig, unsere kinder sind unten im ghetto, leiden an krankheiten, kashiokor und so, es ist schlecht, sie leiden zu sehen, schlechtes essen, manchmal haben sie kein essen, sie frühstücken am morgen, maisbrei weißt du, sie wissen nicht, was sie mittags essen werden, all das ist das leben dort unten im ghetto, du kommst in die stadt und kommst gleich dort hin und du siehst so viele viele menschen dort leben, sie überleben, was immer da ist, kleine jobs, was immer anfällt, auf der suche nach dem großen job, so wie wir leben, wir leben in einem lehmhaus im ghetto in kibera, also wir sind lange im ghetto, wir sollten schon lange weg sein, die menschen im ghetto verdienen ein gutes leben wie die anderen menschen, weißt du, aber eines tages werden wir kommen mann, wir werden unsere eigenen autos fahren, ein gutes leben führen, denn der mann im ghetto, er träumt wie er in einem großen haus leben wird, großes leben, genug geld in der tasche, die menschen im ghetto haben nicht genug geld in der tasche, wird der kleine krank, haben sie nicht genug geld, ihn ins krankenhaus zu bringen, niemand kümmert sich um die leute im ghetto, also das ghetto ist rough and tough …

die leute aus dem ghetto, diese leute bauen die city auf, jeden tag siehst du den beton höher werden, bauarbeiter sind sie, bis es fertig ist, aber pro tag kriegen sie nur 50 shilling, gibst du dem mann richtiges geld, kann er richtig leben, das problem ist, sie arbeiten hart für kleingeld, wenn sie richtiges geld kriegen, müssen sie nicht im ghetto leben, der mann im ghetto hat nichts, dem händler muß er geld geben und für die lehmhütte muß er zahlen, 250 shilling, die meisten können es nicht zahlen, es heißt: gib mir mein geld oder raus mit dir, jemand sagte, gebt die häuser kostenlos, das wäre etwas, und wenn du dein eigenes haus machen willst, kommt gleich einer und hindert dich, eh! du kannst hier nicht bauen, du baust auf meinem land.

im ghetto ist ständig streit und kampf, druck ständig druck, bei der kleinsten sache bricht es aus, du wirst zur polizei geschleppt, zusammengeschlagen, lynchjustiz, manchmal ist es nur ein mißverständnis, alle schreien ua yeye, ua mwizi, du weißt schon, tötet ihn, tötet diesen dieb, dieser mann da wird geschlagen, wird getötet, crazy, mit der panga, chop und die finger sind ab, der Mann wird angezündet, zu asche verbrannt, das ist der druck, die leute bringen sich gegenseitig um, verbrennen im ghetto. manche werden böse im ghetto, laufen mit messer mit gewehr herum, mit allen möglichen waffen, im ghetto bist du nur du selbst, mußt hart sein, kräftig, so wie sie dich abschätzen, da müssen sie dich respektieren, die wissen genau, wen sie berauben, wen sie bestehlen können.

es gibt polizei, aber die polizei spricht nicht über die harten jungs, sie fürchtet sie, wenn sie uns schnappen, müssen wir für nichts geld zahlen, die harten jungs trifft man inzwischen überall, sie machen auch *changaa*, afrikanischer whiskey, das brauen die hier, viele leute trinken das, verrückte leute, leute denen alles egal ist, kein leben dort … aber du hast hoffnung im ghetto, hoffnung, du mußt ja überleben.

für die mädchen ist es besonders hart, ältere männer, die sie in ihr haus einladen, nehmen sie mit in den hinterhof, ins bett, und danach wiederholen sie das und früher oder später ist das mädchen schwanger, sie ist zu jung für ein kind, sie bekommt ein kind und ist selbst noch ein kind. wenn du dann zu dem mann gehst, sagt er, du bist verrückt, ich hab sie mit dem mann zusammen gesehen, der dort sitzt, mit dem mann, der dort gemüse verkauft, wie kannst du sagen, dieses kind ist mein kind? oder der mann läuft irgendwann davon, zu viel druck, ohne arbeit, also wächst das kind ohne vater im ghetto auf, keine schule, keine unterstützung, die mutter müßte noch zur schule gehen, keine ausbildung, sie treiben sich in den straßen der city herum, betteln um geld, sie essen nicht richtig, frühstück ist mehr wasser als mehl ...«

Die Worte der drei jungen Männer verfliegen. Die Bar ist inzwischen voll, hinter der Theke, von einem Eisengitter geschützt, erfüllen zwei Frauen die Wünsche nach Bier, reichen im Akkord die Flaschen durch die Stäbe. Dunkelheit legt sich über das *Mathare Valley* wie ein schwarzes Tuch. Auf der *Juja Road* streiten sich die Scheinwerferlichter. Tony und seine zwei Freunde sind bester Laune, scherzen herum, begrüßen Bekannte. Ich spendiere der Runde noch cin Bier und staune über ihren Lebensmut.

Zwischen den drei jungen Männern aus dem Ghetto und den Mwangis und Verjees gibt es eine wachsende Zahl aufstrebender Städter, die ihren bescheidenen Wohlstand mit großen Anstrengungen verteidigen müssen. Monika Gitau, eine kleine energische Frau, gehört zu dieser Mittelklasse. An ihrem Arbeitsplatz als Kassiererin bei der *Standard Chequered Bank* zählt sie täglich zigtausende Scheine ab, doch mit den viertausend Shilling, mit denen sie am Monatsende nach Hause geht, kann sie und ihre Familie nicht auskommen. Der Ehemann könnte einiges zum Haushaltsgeld beitragen. Als mittlerer Beamte hat er ein beachtliches Einkommen, wobei sein mageres Gehalt den unwesentlicheren Teil davon ausmacht. Er ist bei der Stadtverwaltung zuständig für die Bearbeitung von Gewerbelizenzen, unter anderem auch für Straßenstände und Kioske, beliebte kleine Investitionen in der Stadt. Jeder weiß, daß man eine solche Erlaubnis nur erhält, wenn man der Gebühr von tausend Shilling ein Mehrfaches für die ›Bearbeitung‹ hinzufügt. Der Ehemann hält die Hand auf; seinen vier Kindern kommt es selten zugute. An der Miete beteiligt er sich noch, für ein Reihenhaus mit einem ›vier Maispflanzen großen‹ Vorgarten, und er leistet sich einen klapprigen alten Datsun, in dem er die Familie an den Wochenenden aufs Land fährt. Die Schulgebühren überläßt er seiner Frau, die auch für Nahrung und Kleidung aufkommen muß. Er selbst ißt meist auswärts und kehrt selten vor zehn Uhr abends nach Hause zurück.

Monika Gitau ist auf sich allein gestellt, und so beginnt ihr Arbeitstag erst richtig nach Dienstschluß. Sie muß in ihrem Kiosk (die Erlaubnis war kein Problem!) nach dem Rechten sehen, ihren Nichten auf die Finger gucken. Sie hat vor einigen Jahren mit ihrer älteren Schwester eine für beide Seiten vorteilhafte Vereinbarung getroffen: Die zwei Töchter der Schwester ziehen zu ihr, wohnen und essen bei ihr. Dafür kümmern sie sich tagsüber um den Kiosk. Die Abmachung funktioniert hervorragend. Aber die Gewinne aus dem Kiosk reichen nicht aus; Monika handelt zusätzlich noch mit Kleidung und Wäsche – mit Nachbarn und Bekannten, mit Weiterverkäufern und auf Wochenendmärkten. Gute Ware aus dem Ausland. Die Sachen erhält sie von einer Freundin, die als Stewardess arbeitet. Die nationale Fluggesellschaft fliegt mehrmals die Woche London, Bombay, Frankfurt, Paris, Rom und Zürich an – die Freundin hat reichlich Gelegenheit, überall nach Sonderangeboten zu stöbern.

Monika Gitau ist ständig mit kleinen *deals* beschäftigt, sie verkauft und tauscht, organisiert und verabredet. Alle ihre Freundinnen tun dasselbe. Jede nach ihren Möglichkeiten. Eine hat in der Nähe der Stadt ein Stück Land, auf dem Weizen gedeiht, eine andere flickt Löcher und schneidert einfache Kleider auf ihrer rostigen Nähmaschine. Das ermöglicht den relativen Wohlstand. Die Kinder erhalten eine gute Ausbildung, und hin und wieder bleibt Geld übrig für ein bißchen Luxus, für einen kleinen Fernseher vielleicht, oder für ein schickes Kleid, über das sich die sonst eher ernste Monika Gitau spitzbübisch freut.

Der Markt der Gelegenheiten

Feste Arbeitsplätze haben Seltenheitswert. In den letzten zwei Jahrzehnten ist ihre Zahl sogar gesunken. Neben dem Staat gibt es nur wenige größere Arbeitgeber. Folglich müssen die Armen sich ihre Arbeit selbst beschaffen, Gelegenheiten ausfindig machen und diese einfallsreich nutzen. Die Vielzahl ihrer diversen Tätigkeiten bildet den sogenannten ›informellen Sektor‹, der den Großteil der Stadtbewohner ernährt. Denn mit dem durchschnittlichen Einkommen, das in den Statistiken der UN und der Weltbank angegeben wird, kann keiner überleben.

Der informelle Sektor richtet sich nicht nach den üblichen, wirtschaftlichen Normen. Einziges Gesetz ist die Kreativität. Legalität und Sicherheit sind Fremdwörter. Es herrscht Flüchtigkeit und Flexibilität, Gefahr und vor allem Unkontrollierbarkeit. Dem Staat fehlen die Mittel, diesen Sektor zu überprüfen oder zu reglementieren. Von Zeit zu Zeit läßt die Stadtverwaltung auch hier ihre Muskeln spielen, führt Razzien durch, um sich und die Gesetze in Erinnerung zu rufen, vor allem aber, um den Beamten Gelegenheit zu geben, auch an diesem Sektor mitzuverdienen. Kioske werden zerstört, Waren beschlagnahmt, einige Übeltäter ins Gefängnis gesteckt. Diese werden dann samt ihrer Ware von Verwandten freigekauft, für einige Zeit kehrt wieder Ruhe ein.

Die Frauen sind mangels Alternativen von Anfang an auf selbstständige Arbeit festgelegt. Selbst wenn sie fest angestellt sind, wie zum Beispiel Monika Gitau, betreiben sie noch nebenbei eigene Geschäfte. Zwischen den Geschlechtern gibt es gewisse Spezialisierungen: Das Bierbrauen ist eine Domäne der Frauen, das Schuhputzen das der Männer. Die Jungen kümmern sich zumeist um die Parkplätze. Sie weisen dem durch den allmorgendlichen Stau frustrierten Autofahrer einen Platz zu, bewachen sein Fahrzeug und werfen eine Münze in die Parkuhr, wenn die Spürhunde der Stadtverwaltung im Anmarsch sind.

Handwerker und Händler bilden das Gros der informellen Berufe. Die ersteren benötigen nur einige Quadratmeter Platz und einige einfache Werkzeuge, schon sind sie zu jeder Reparatur bereit, selbst wenn sie ihre Fertigkeiten übersteigen sollte. Da sie fast ausschließlich im Freien arbeiten, nennt man sie *jua kali* – brennende Sonne.

Die wichtigste Rolle spielen die *petty trader*, vielseitige Händler, die auf den Straßen feilbieten, was immer sie ergattern können, von Elefantenhaarreifen aus Plastik bis zu potenzfördernden Zahnstochern; vor allem aber die wesentlichen Waren des Alltags, Mais, Kartoffeln und Spinat, Seife, T-Shirts und Kopfschmerztabletten, Batterien und Zigaretten. Sie erhalten den Handel am Leben.

Die Schlaglöcher Nairobis sind knietiefe Krater, die selbst dem wagemutigsten Autofahrer Respekt einflößen. Ihre Zahl nimmt zu, wie auch die Zahl der Autos. Sie graben sich so tief ein, daß die Stadtverwaltung nicht mehr an ihre Beseitigung glaubt. Aus diesem Mißstand haben junge Männer einen Beruf gemacht. Einer von ihnen hält mitten auf dem Asphalt ein Schild hoch: *Please donate. Volonteer Road Work.* Seine zwei Kumpel zertrümmern derweil Steine, legen die Bruchstücke in ein Schlagloch und klopfen sie fest.

Sam, David und Elijah heißen die drei Straßenarbeiter, auf die wir an einem verregneten Tag in dem Vorort *New Muthaiga* treffen. Obwohl sie an diesem späten Nachmittag schon seit Morgengrauen unterwegs sind, tänzeln sie um das Schlagloch herum, wie um einen k.o.-geschlagenen Gegner, reißen Witze und beäugen die Autos, die vorbeischleichen. Wir kommen ins Gespräch, mit Hilfe einer Spende, denn die drei Männer unterhalten sich nur mit Leuten, die ihre Arbeit zu würdigen wissen.

Ihre Geschichte beginnt mit der Suche nach Arbeit. Sie ziehen in den Villenvierteln von Haus zu Haus, fragen an, zu allem bereit – Gärtner, Wachmann, Hausgehilfe, was immer man ihnen geben sollte. Monat um Monat bieten sie sich an, und stoßen überall auf verschlossene Tore oder auf Abweisung. Sie wetzen ihre Schuhe ab, und ihre Würde. Manchmal endet ihr Anliegen bei zähnefletschenden Hunden, manchmal bei Dienstboten, die ihr eigenes kleines Glück zu verteidigen haben. Selbst wenn sie zu den Hausherren vordringen, fällt von deren unermeßlichem Reichtum höchstens ein Bedauern für sie ab. Es gibt geeignetere Kandidaten als diese jungen Männer ohne Zeugnisse, ohne nachweisbare Berufserfahrung und nur voller Verzweiflung, die ihnen in schlechtem Englisch ins Gesicht geschrieben steht.

Doch eines Tages bekamen sie außer der Abweisung einen Rat mit auf dem Weg: Kümmert euch doch mal um die verdammten Schlaglöcher! Um zu zeigen, wie ernst er es meint, schenkt ihnen der Ratgeber einen wackligen Schubkarren. Nun benötigen sie nur einige schwere Hämmer, und sie können beginnen, die Straßen in eigener Regie auszubessern. Steine gibt es in Hülle und Fülle, und weit gehen müssen sie auch nicht – sie können sich die Schlaglöcher nach Belieben aussuchen.

Der Gewinn kann sich sehen lassen. Sam, der gewitzteste von den Dreien, läßt sich eine Zahl entlocken: fünfhundert Shilling am Tag. Ein hervorragender Verdienst für kenianische Verhältnisse, wenn Sam mich nicht anflunkert, denn während unserer Unterhaltung hält kein Auto an, und die Blicke, die den Dreien zugeworfen wurden, wirken weder dankbar noch spendabel.

Selbst wenn die Löcher bald wieder aufbrechen, wie mir ein BMW-Fahrer tags darauf hämisch erklärt, der Einfallsreichtum hat einen weiteren Sieg errungen. Sam, David und Elijah haben sich mit ihrer Schubkarre, ihren Hämmern und ihrem Schild in die Armee der Selbstbeschäftigten eingereiht, deren einziges Ziel es ist, dort Perspektiven zu finden, wo keine Chancen geboten werden.

* * *

Als der nigerianische Schriftsteller Nkem Nwankwo einen Schlüsselroman über die neue Elite Afrikas veröffentlichte, gab er ihm den Titel ›Mein Mercedes ist größer als deiner‹. In mancher afrikanischen Hauptstadt kutschieren mehr von den schweren Limousinen als in einer deutschen Großstadt. Viele der jungen Afrikaner, die in die Städte strömen, können ihren Träumen einen klaren Ausdruck geben: einen Mercedes-Benz fahren – das ultimative Statussymbol einer von den europäischen Kolonialisten herangezogenen und den westlichen Interessen und Werten untergebenen Oligarchie, die dafür sorgt, daß ihr Land gehorsam die Rolle des Underdogs an der Peripherie der Welt beibehält. Die Angehörigen der Oberschicht werden vom Volk *wabenzi* genannt, wobei das Prefix *wa* auf ihre Vielzahl deutet.

Ausblick

Der Wilson Airport grenzt fast unmittelbar an eines der größten Slumgebiete Nairobis. Noch vor fünfzig Jahren erstreckte sich hier nur die Savanne. Die Piloten mußten beim Anflug auf die wilden Tiere neben der Landebahn achten. Heute sieht man nach dem Abflug, wie die Athi-Ebene in die Stadt übergeht, die sich ihrerseits um das aufstrebende Zentrum schart. Im Norden ragt der Mount Kenia über die Wolkendecke, hinter ihm wird der Abbruch des Rift Valleys und dessen Senke sichtbar.

Von oben herab erscheint manches anders, die Wildheit ordentlicher, die Brutalität sanft, das Physische wird zur abstrakten geometrischen Form. Der Flug verschafft einen Überblick, der in die Irre führt. Die Weite scheint bezwingbar, die Trockenheit ist nicht zu spüren, das Elend geht auf in faszinierenden Farben.

Beim Anflug auf Wilson Airport wird einem wieder bewußt, mit welchen Extremen und Absurditäten Afrika lebt. Auf der einen Seite des Nairobi-Staudamms, an dessen Ufer seit Jahrzehnten ein Segelclub betrieben wird, wo wir als Jugendliche freitagabends zur Disko fuhren, befindet sich ein eingezäuntes Areal mit gepflegter Hortikultur.

In der Mitte steht ein gewaltiges Monument zu Ehren von *Nyayo*, der staatstragenden Philosophie: Das Wort bedeutet »Fußstapfen«, es soll *Friede*, *Liebe* und *Einheit* symbolisieren. Auf der anderen Seite des kleinen Sees liegt der Slum *Kibera*, der sich wie ein Ekzem an dem Ufer entlang und weiter durch ein Tal zieht. Nach der Landung treffe ich dort einen Zehnjährigen, der genüßlich an einem Joint pafft und mich zu provozieren sucht. Seine Kumpel lümmeln in einiger Entfernung auf einer kleinen Erhebung und feuern ihn an. Den Stummel preßt er mit zwei Fingern an die Lippen – das hat er wohl einem Neureichen mit dicker Zigarre abgeschaut.

»Ich bin stark«, sagt er. »Gib Geld!«

Ich schüttele den Kopf.

»Weißt du, was das ist?« Genüßlich bläst er den Rauch in die Luft. »Das ist gutes Zeugs.« Seine Augen verengen sich: »Fünf Shilling!« Die Bande jubelt ihm zu.

Ich schüttele erneut den Kopf.

Er guckt mich prüfend an.

»Drei! Komm schon, drei Shilling.« Er schaut zu Boden.

Ich will mich gerade umdrehen und gehen, da blickt er wieder hoch.

»Ein Shilling, OK, von mir aus. Ein Shilling nur.«

Die Bande winkt, gestikuliert unmißverständlich. Der Junge zieht wieder an seinem Joint, über uns steigt ein kleines Flugzeug in die Luft. Er wirft seinen Kopf trotzig in den Nacken, so als hätte ich eine große Chance vertan, und schlendert zu seiner Bande zurück.

Danksagung

Daß eine Geschichte mehrere Väter hat, ist eine Weisheit aus Zeiten, als die Gemeinschaft noch im Mittelpunkt stand. Dieses Buch hätte ohne die kreative Mithilfe einer Vielzahl von Menschen nicht entstehen können: Längst verstorbene und quicklebendige Menschen, die ich nur aus ihren Schriften kenne, und Menschen, die in ihrem ganzen Leben noch nie ein Wort geschrieben haben. Sie alle sind Autoren dieses Buches:

In *Lamu/Paté*: Abdul A. Abdulrahman, Bakari Maalim Bakari, Ali Fanni und Mohamed Omar. In *Sansibar*: Mohamed Suleiman und Hussein Salim Hussein, Abdul Aziz Jussuf, Salim Kitmana Salim, Ahmed Sheikh Ahmed und Professor Erich Meffert. In *Kampala*: Teresa Kakooza, Aloysius Kwitonda und Timothy Wangusa. In *Mbale*: Peter Wabuya Mayeku. In *Nairobi*: Monica Waweru und Christoph Speich. In *Deutschland*: Claudia Lembach, Petra Müller, Stojana Ivanowa Trojanowa, Arvid Enders und Bennett Theimann.

Auch danke ich herzlich Nicola Puteanus, Rudolf Blauth, Sigfrid Brandl, Berthold Clewing und Hermann Schulz für ihre Unterstützung und Anregung.

Besonders beeinflußt haben mich die großen Literaten Ostafrikas: Aniceti Kitereza, Meja Mwangi, Okot p 'Bitek, Ngugi wa Thiong'o sowie die Autoren Andreas Bänziger, Bruce Chatwin, David Lamb, Charles Miller, V.S. Naipaul und John Reader.

IN AFRIKA

Der Bildband mit CD

Mythos und Alltag Ostafrikas

Ein tanzender Spiegel Ostafrikas!
Ein Panoptikum jenseits von Klischees und Katastrophenmeldungen.
Bilder von atemberaubender Schönheit wechseln sich ab
mit Alltagsaufnahmen und Menschenporträts, sanfte Balladen
mit treibenden Rhythmen, und historisch Hintergründe
mit Impressionen aus dem Alltag eines wenig bekannten Kontinents.
Afrika für Augen und Ohren!

Fotos: Michael Martin · Text: Ilija Trojanow
Vorwort: Peter Gabrie · Musik: Real World/Virgin Records

132 S., gebunden, Fadenheftung, mit 60 farbigen und 50 s/w-Bildern,
Großformat: 31 x 31 cm, DM 128,-
ISBN 3-927527-56-4

Marino Verlag
Theresienstraße 40 · D-80333 München
Fon 089/280 20 96 · Fax 089/280 20 97

T. C. Boyle im dtv

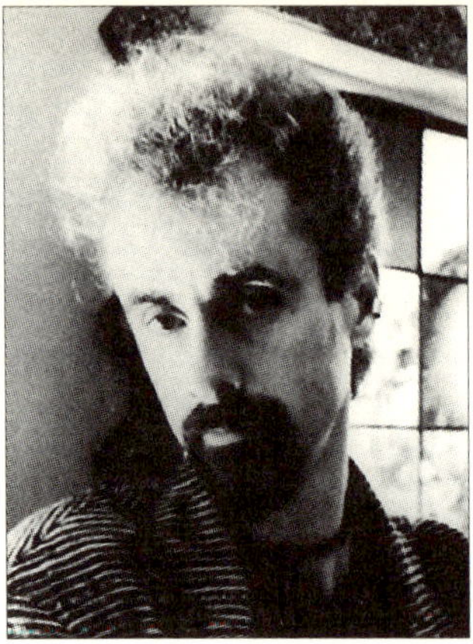

World's End
Roman · dtv 11666

Ein fulminanter Generationenroman um den jungen Amerikaner Walter Van Brunt, seine Freunde, seine holländischen Vorfahren, die sich im 17. Jahrhundert im Tal des Hudson niederließen, und die Indianer dort.

Greasy Lake und andere Geschichten
dtv 11771

Geschichten von bösen Buben und politisch nicht einwandfreien Liebesaffären, von Walen und Leihmüttern – mit wenigen Strichen umreißt Boyle das Amerika der siebziger Jahre.

Grün ist die Hoffnung
Roman · dtv 11826

Drei schräge Typen wollen in den Bergen nördlich von San Francisco Marihuana anbauen, um endlich ans große Geld zu kommen. Aber die Natur ist widerspenstig – und Hanf ist ein empfindsames Pflänzchen ...

Wenn der Fluß voll Whisky wär
Erzählungen · dtv 11903

Vierzehn Geschichten aus Amerika: vom Kochen und von Alarmanlagen, von Fliegenmenschen, mörderischen Adoptivkindern, dem Teufel und der heiligen Jungfrau.

Willkommen in Wellville
Roman · dtv 11998

1907, Battle Creek, Michigan. Im Sanatorium des Dr. Kellogg läßt *man* sich mit vegetarischer Kost von seinen Zipperlein heilen. So auch Will Lightbody. Einziger Lichtblick dort ist Schwester Irene. Doch Sex hält Dr. Kellogg für die schlimmste Geißel der Menschheit ...

Der Samurai von Savannah
Roman · dtv 12009

Als der japanische Matrose Hiro Tanaka irgendwo vor der Küste Georgias von Bord seines Frachters springt, trägt er außer einem Rettungsring nicht viel bei sich. Was ihm in Amerika blüht, hat er sich freilich nicht träumen lassen.

Penelope Lively im dtv

Foto: Jerry Bauer

»Was mich interessiert«, sagt Penelope Lively, »ist das Gedächtnis, die Art und Weise, wie Menschen und Landschaften aus Erinnerungen zusammengesetzt sind.«

Moon Tiger
Roman · dtv 11795

Das Leben der Claudia Hampton wird bestimmt von der Rivalität mit ihrem Bruder, von der eigenartigen Beziehung zum Vater ihrer Tochter und jenem tragischen Zwischenfall in der Wüste, der schon mehr als vierzig Jahre zurückliegt. Allerdings ist nichts in diesem Leben wirklich vergangen. Alles ist Gegenwart: Kindheit und Krieg, Ägypten, England, die ganze Welt und ihre Geschichte. »Ein nobles, intelligentes Buch, eins von denen, deren Aura noch lange zurückbleibt, wenn man sie längst aus der Hand gelegt hat.«
(Anne Tyler)

Kleopatras Schwester
Roman · dtv 11918

Eine Gruppe von Reisenden gerät in die Gewalt eines größenwahnsinnigen arabischen Machthabers. Unter ihnen sind der Paläontologe Howard und die Journalistin Lucy, Skeptikerin und Nonkonformistin von Kindheit an. Vor der grotesken Situation und der Bedrohung, der sie ausgesetzt sind, entwickelt sich eine ganz besondere Liebesgeschichte …

London im Kopf
dtv 11981

Der Architekt Matthew Halland, Vater einer Tochter, geschieden, arbeitet an einem ehrgeizigen Bauprojekt in den Londoner Docklands. Während der Komplex aus Glas und Stahl in die Höhe wächst, wird die Vergangenheit der Stadt für ihn lebendig. Sein eigenes Leben ist eine ständige Suche, nicht nur nach der jungen Frau in Rot …

Gabriel García Márquez im dtv

Laubsturm
Roman
dtv 1432

Der Herbst des Patriarchen
Roman
dtv 1537

Der Oberst hat niemand, der ihm schreibt
Roman
dtv 1601

Die böse Stunde
Roman
dtv 1717

Augen eines blauen Hundes
Erzählungen
dtv 10154

Hundert Jahre Einsamkeit
Die Geschichte vom Aufstieg und Niedergang der Familie Buendía und ihres Dorfes Macondo.
dtv 10249

Die Geiselnahme
Ein sandinistisches Guerillakommando preßt politische Gefangene aus den Folterkammern des Somoza-Regimes frei.
dtv 10295

Chronik eines angekündigten Todes
Roman
dtv 10564

Die unglaubliche und traurige Geschichte von der einfältigen Eréndira und ihrer herzlosen Großmutter
dtv 10881

Die Liebe in den Zeiten der Cholera
Roman
dtv 11360

Der Beobachter aus Bogotá
Journalistische Arbeiten 1954 – 1955
dtv 11459

Das Abenteuer des Miguel Littín
dtv 12110

Oscar Collazos:
Gabriel García Márquez
Sein Leben und sein Werk
dtv 11108

Matt Ruff:

Fool on the Hill

Nicht zu fassen, was an amerikanischen Universitäten alles passiert, jedenfalls wenn man diesem haarsträubenden Campus-Roman glauben darf, in dem der junge Schriftsteller S. T. George einen Drachen steigen läßt und sich in die schönste Frau der Welt verliebt, der Kobold Puck der Elfe Zephyr nachjagt und Blackjack und Luther in den Himmel für Katzen und Hunde aufbrechen. Ein Märchen? Eine Love-Story? Ein Heldenepos für Freunde von Hobbits und Kobolden? Eine Shakespeare-Parodie? Ein Schauerroman? All das und noch viel mehr ist der »Narr auf dem Hügel«.

dtv 11737

»Ich guckte nach links: Steine. Nach rechts: Steine. Nach hinten: Steine. Aber vor mir standen zwei prallgelbe Ford Escorts. So lernte ich das Reisen in Ostafrika kennen, gemeinhin *Safari* genannt. In der scheinbar menschenleeren Landschaft war es eine Pflicht anzuhalten, als plötzlich ein gebrechlicher Mann, in Tuchfetzen gehüllt, am Wegrand winkte – der Nomade wollte mitgenommen werden. Er stieg hinten ein, neben mir, saß unbehaglich auf dem Kunststoffpolster. Wir tauschten verstohlene Blicke aus. Meine Mutter sank in sich zusammen, ich rückte so nahe wie möglich ans Fenster – im Nu war das Auto von sehr fremden Gerüchen erfüllt ...« Eine erste Begegnung. Ob der Junge, dem das alles so unangenehm war, sich hätte träumen lassen, daß er einmal diesen Bericht über Ostafrika, die Landschaft und Städte, in erster Linie aber über die Menschen schreiben würde? Für die Taschenbuchausgabe des wunderschönen Bildbandes ›In Afrika‹ hat Ilija Trojanow den Text noch einmal überarbeitet und erweitert.

Ilija Trojanow wurde 1965 in Sofia, Bulgarien, geboren. 1971 Flucht mit den Eltern über Italien nach Deutschland. Wenig später übersiedelte die Familie nach Kenia, wo er aufwuchs. Er studierte Jura, Ethnologie und Havarie in München. 1989 Gründung des Marino Verlages. Mit Afrika beschäftigt er sich seit vielen Jahren reisend und vom Schreibtisch aus. 1996 erschien sein erster Roman ›Die Welt ist groß und Rettung lauert überall‹. Weitere Veröffentlichungen: ›Naturwunder Ostafrika‹ (1994), ›Hüter der Sonne‹ (1996; gemeinsam mit Chenjerai Hove).